GUÍA
METAFÍSICA
PARA SER FELIZ

GUÍA
METAFÍSICA
PARA SER FELIZ

Grupo Editorial Tomo, S. A. de C. V.
Nicolás San Juan 1043
03100 México, D. F.

1a. edición, mayo 1998.
2a. edición, enero 1999.
3a. edición, octubre 1999.
4a. edición, marzo 2001.
5a. edición, junio 2003.
6a. edición, octubre 2004.
7a. edición, julio 2005.
8a. edición, junio 2007.
9a. edición, junio 2008.

© *Guía metafísica para ser feliz*
Grupo Nueva Era

© 2008, Grupo Editorial Tomo, S.A. de C.V.
Nicolás San Juan 1043, Col. Del Valle
03100 México, D.F.
Tels. 5575-6615, 5575-8701 y 5575-0186
Fax. 5575-6695
http://www.grupotomo.com.mx
ISBN: 970-666-041-0
Miembro de la Cámara Nacional
de la Industria Editorial No. 2961

Diseño tipográfico: Rafael Rutiaga
Diseño de portada: Emigdio Guevara
Supervisor de producción: Leonardo Figueroa

Impreso en México - *Printed in Mexico*

INTRODUCCIÓN

La vida se presenta ante nosotros como una oportunidad para superarse y salir adelante. La forma en que encaremos a ésta, determinará nuestro éxito o fracaso. Este pequeño libro que ponemos en tus manos será de gran ayuda para tu vida diaria, pues en él encontrarás una verdadera guía para solucionar los problemas y dificultades cotidianas.

Pensar encontrar la solución a todo contratiempo en tan pocas páginas puede parecer imposible, sin embargo, con la ayuda de este libro y tu fe, lograrás hacerlo. Asimismo, encontrarás métodos de los cuales podrás echar mano para encontrar la verdadera felicidad, la salud mental, el control de los sentimientos, el dominio de tus pensamientos y cómo eliminar los malos hábitos y los complejos psíquicos.

Te recomendamos llevarlo contigo siempre y leerlo cada vez que te sientas oprimido o con dudas sobre lo que está pasando.

Este libro, puede ser el inicio a una vida mejor, más sana y más pura.

¿QUÉ ES
LA METAFÍSICA?

Para entender lo que es la Metafísica, debemos empezar por saber cuál es el significado de esta ciencia. Por principios de cuenta, la palabra Metafísica significa más allá de lo físico, lo invisible y sin forma; convirtiéndose en una rama de la filosofía que estudia lo que está más allá de los sentidos físicos.

En la antigua Grecia, aproximadamente 300 años a.C., aparece la palabra Metafísica en un escrito de Aristóteles. Éste, fue discípulo de Platón, quien a su vez lo fue de Sócrates, quien por su parte había estudiado con Pitágoras.

Las enseñanzas de Aristóteles fueron clasificadas en el Siglo I por Andrónico de Rodas en cuatro secciones: 1ª.- Lógica Formal; 2ª.- Física; 3ª.- Causas Primeras; y 4ª.- Ética.

La Metafísica está basada en el amor universal, en el bien, en la paz y en la armonía. Todo lo que Dios creó, es para que cualquier ser vivo pueda disfrutarlo, pues no pertenece únicamente a ciertas personas. El aire, el agua, el calor y todo lo que la naturaleza nos da, es un regalo del creador.

De igual manera, la Metafísica está ahí, sin ser exclusividad de nadie, para que cualquiera que desee estudiarla y aplicarla, lo haga sin limitación alguna. Es importante decir que en ella no encontraremos nada oculto, sino que es una práctica científica.

Muchas personas piensan que la religión y la ciencia han estado distanciadas siempre, pero la Metafísica ha demostrado que no es necesario esto. Uno puede ser religioso y ser, al mismo tiempo, metafísico, pues esta es una ciencia basada en la religión.

Estudiar Metafísica, es estudiar todo aquello que el hombre no puede percibir con sus cinco sentidos, y que solamente puede ser comprendida por un aspecto de su cuerpo mental.

Dentro de la Metafísica podemos encontrar tres campos de estudio —que en realidad son sólo uno—, y que son los siguientes:

Ontología: Ciencia que estudia al ser. Todo es; el no ser no existe. Esta rama estudia al ente mientras éste se interesa por el puro y simple ES de las cosas.

Teología: Estudia a Dios como manifestación, y como el máximo ser que tiene y sintetiza todo lo que ES. Está connotado en la Ontología, pero al expresarse como YO SOY, incursiona en el campo de la Teología.

Gnoseología: Estudia el conocimiento en sí mismo, como principio universal que contiene todos los conocimientos que llevan, consecuentemente, al descubrimiento de la ontología y la teología. La Gnoseología busca dentro del campo de acción que mueve en la manifestación a la Teología, que a su vez, ha sido movida por la Ontología.

MENTALISMO

El mentalismo es una de las formas más prácticas que tenemos para solucionar cualquier cuestión que nos afecte. Esto es fácil de explicar, pues cada cosa que alguien se propone hacer o enfrentar, pasa primero por nuestra mente en forma de plan o actitud, convirtiéndose después en un hecho realizado. Para bien o para mal, primero lo pensamos, lo planeamos y, finalmente, lo llevamos a cabo.

Es importante tener siempre una actitud mental positiva. Hay que eliminar los malos pensamientos y pensar en forma optimista, pues si pensamos y obramos con el bien, tarde o temprano se nos darán los buenos resultados.

Generalmente, a cualquier persona que le hagamos bien siempre nos llevará en su pensamiento.

Si lo defendiste, lo apoyaste o ayudaste en algún momento difícil de su vida, y aunque no recuerde tu nombre, él siempre te apreciará y guardará gratos recuerdos de ti. Pero si actuaste de manera equivocada o le hiciste algún mal, también habrá una consecuencia similar hacia tu persona. Recuerda que lo que sembraste, eso recogerás.

Si tenemos una actitud mental positiva y optimista, lograremos resultados sorprendentes, pues aunque no logremos nuestros objetivos, nos quedará la satisfacción de haberlo intentado y, sobre todo, de haber hecho bien las cosas aunque fracasemos; y pensándolo así, es mejor fracasar en el intento, que quedarse sentado sin hacer nada por cambiar las cosas que nos afectan o nos molestan.

No obstante, hay que luchar, intentar, insistir y perseverar hasta lograr el éxito. El que no lo haga así, o al que le parece difícil estará ya derrotado desde el principio, pues ¿cómo puede saber que no puede hacer algo si no lo intenta? Si una persona muy inteligente y con enorme carisma es floja para intentar esto, de nada le sirven sus cualidades; pero si alguien menos inteligente, y sin tantas cualidades es perseverante, logrará llegar a sus metas sin importar estos impedimentos. Hay que tener en mente siempre que el desánimo y la apatía no nos llevarán a ninguna parte.

DONDE ESTÁ
TU PENSAMIENTO,
ALLÍ ESTÁS TÚ

Donde está tu pensamiento, allí estás tú. Lo que medites, en ello te convertirás, ya que tú eres tu conciencia.

Si dejas que en tu mente haya pensamientos de odio, rencor, crítica, lujuria, envidia, celos, temor, dudas o sospechas, y dejas que esos pensamientos y sentimientos provoquen en ti irritación, seguramente tendrás discordias, fracasos, desastres en tu cuerpo, mente y, sobre todo, en tu mundo.

Permitir que tu atención se detenga en estos pensamientos, ya sea respecto a naciones, personas, lugares, condiciones o cosas, provocará una absorción de estas actividades en la substancia de tu mente, tu cuerpo y tus asuntos.

Estas actividades discordantes llegan a ti, y a tu mundo, mediante tus sentimientos y pensamientos. Constantemente el sentimiento aparece antes de que estés consciente del pensamiento captado por tu conciencia exterior, es decir, antes de que puedas usar la energía para controlarte. Este tipo de experiencias muestran la enorme cantidad de energía que hay dentro de nuestras muchas creaciones acumuladas por hábitos.

El punto más abandonado en nuestras vidas, y el menos custodiado en la conciencia humana, es la actividad sensorial. Esta, es la energía acumulada por la cual los pensamientos se convierten en "cosas". La necesidad de controlar y de vigilar los sentimientos no puede ser demasiado sobresaliente, pues el dominio de las emociones es sumamente importante en la vida para lograr un equilibrio mental, salud corporal, éxito y logros en las cuestiones mundanas o del ser personal de cada uno de nosotros. Los pensamientos no pueden transformarse en "cosas" hasta que son revestidas con sentimientos.

Lo que llamamos Espíritu Santo, es la parte de la vida que conocemos como "sentimiento"; es la actividad del Amor Divino o la Expresión Materna de DIOS. Debido a esto, se menciona que el pecado en contra del Espíritu Santo trae un enorme tormento. Inclusive, la Biblia dice que no hay perdón para esto, pues cualquier discordia en los sentimientos, rompe con la Ley del Amor, que es la Ley del Equilibrio, la Armonía y la Perfección.

El mayor crimen en el Universo, es contra la Ley del Amor: Y es por la constante fabricación del sentimiento irritado y destructivo en que la humanidad vive. Algún día reconoceremos que las siniestras fuerzas generadas por los hombres con sus pensamientos y sentimientos, sólo entran al individuo y en sus asuntos, cuando no se tiene el control en las emociones de ellos mismos.

LA METAFÍSICA HACIA
LA ACTITUD MENTAL

El efecto inmediato del pensamiento sobre nuestro cuerpo, espíritu, trabajo, felicidad y, en general, todos los aspectos de nuestra vida, está tan fuera de discusión, que parecería inútil hablar de ello. Sin embargo, la experiencia con estudiantes me ha convencido de que muchos de ellos no se dan cuenta del poder que el pensamiento ejerce sobre sus acciones, y por consiguiente, sobre el resultado de éstas.

Alguien ha comentado, "un pensamiento es una acción en proceso de nacer". Todo lo que hacemos es el resultado de un pensamiento que hemos guardado y sostenido en la mente. Por un impulso momentáneo podemos hacer ciertas cosas, pero ese impulso es el resultado de un pensamiento o un sentimiento que hemos tenido con anterioridad en nuestra mente.

La mente subconsciente es un extraordinario centro de energía y poder; es una fuerza ciega que actúa por sugestión. Es decir, actúa por impresiones que recibe de la mente objetiva, por lo tanto, la clase de acción que produce en la vida, depende de que tales impresiones, pensamientos o sugestiones sean buenos o malos. La voluntad o el sentido moral deben empezar su obra defensiva con el pensamiento y no con acciones.

Es por esto que si uno tiene pensamientos pesimistas, éstos se expresarán en melancolía y fracasos; y si son pensamientos de mala salud, lo harán en enfermedades y trastornos reales del cuerpo.

Si un muchacho comenta: "creo que no voy a poder hacer cierta tarea", seguramente fracasará; pero si afirma que lo puede llegar a hacer, entonces en su mente subconsciente hará todo lo que pueda para ayudarse a lograr sus objetivos. Hay que recordar que los buenos pensamientos siempre traerán cosas buenas, y que los malos pensamientos malas acciones; es por esto que en el control del pensamiento es donde se encontrará el dominio de uno mismo. Cualquier mal hábito que tengamos en nuestras vidas, tiene su origen en los malos hábitos del pensamiento. La única manera de formar buenos hábitos, es pensar constructiva y positivamente, claro, siempre acompañando a estos pensamientos con una correspondiente acción.

Si te levantas y ves por la ventana una mañana lluviosa y exclamas: "¡qué horrible mañana!", seguramente contribuirá a que tengas, y también a los que te rodean, una espantosa mañana, pues no sólo estás enviando una sugestión de tristeza y desolación a tu subconsciente, sino que la haces extensiva a todos los que te escuchan. Pero, si por el contrario, tomas la actitud de que el tiempo podría ser mucho peor, de que la lluvia ayudará en el campo, de que el sol brilla en todo su esplendor detrás de las nubes, y de que Dios substraerá la tristeza de todo el mundo en este perfecto día, te sentirás dichoso y feliz; además, de hacerlo así, harás más felices a los que te rodean gracias a la irradiación de tu propia dicha.

Esto mismo sucede cuando te dices a ti mismo: "hoy me siento muy mal", pues tu subconsciente actúa de conformidad. Este mensaje de pesimismo llega a todos los millones de minúsculos y laboriosos obreros, cuyo deber es reparar, construir y mantener tu cuerpo sano. Si el mensaje que reciben es pesimista todo el sistema se deprime, disminuye la mentalidad y se debilita el poder de resistencia, haciéndote presa fácil a la primera infección que se te presente. En cambio, si no te sientes muy en tu centro, respira profundamente y al inhalar di: "El infinito es mi salud", y mantén en tu mente el pensamiento o la imagen de salud perfecta y verás que tu estado mejora. El mensaje es: ¡Manifestad Salud Perfecta!, y será enviado telepáticamente a todo el cuerpo, y todos los diminutos trabajadores y luchadores recibirán una corriente de inspiración, la cual, los estimulará a trabajar en tu beneficio.

De igual manera, si en tus negocios sugieres que la competencia arruinará tu trabajo, estás dando pie al fracaso; todas tus acciones tenderán subconscientemente hacia el fin. Pero si piensas que ninguna competencia hará fracasar tu negocio, y te convences de que tus mercancías o servicios son tan buenos que ningún cliente podrá dejarlos de usar, te sentirás tan inspirado por tu propia sugestión que tu trabajo y servicios serán tan indispensables para los clientes, que nunca sabrás lo que es el fracaso en tus empresas.

Podemos ver claramente que los pensamientos afectan nuestra vida, y que con sólo controlarlos, podemos dirigir acciones, y por medio de éstas, cambiar el rumbo de la vida e, inclusive, el del medio ambiente.

La filosofía de pensar correctamente profundiza en esta cuestión mucho más de lo que se ha mencionado. Enseña que los pensamientos sostenidos en la mente atraen —por medio de la Ley de la Vibración— el material para su expresión objetiva; que lo que está presente en la mente con fina claridad de pensamiento y visión interna, se manifiesta en la vida; que cada modalidad de pensamiento produce fruto de su propia clase. Muestra que si hay confusión o duda en la vida y circunstancias, y que según sea el pensamiento y la visión mental, se malogra o se glorifica la vida.

La práctica de pensar correctamente, también ejercita a la mente para que piense sólo aquellos pensamientos que armonizan con las Leyes Inmutables que dirigen el Universo, produciendo así en la vida el mayor bien, la verdadera dicha y el único éxito que satisface.

LEYES SUPERIORES PARA CONTROLAR LOS SENTIMIENTOS Y PENSAMIENTOS

El que no quiera controlar sus pensamientos y sentimientos, está en el mal camino. Todas las puertas de su conciencia están abiertas de par en par, esperando que entren en ella las actividades desintegrables que emanan las mentes y emociones de otros. Y como no es necesaria ninguna fuerza, sabiduría o entrenamiento para caer en los impulsos destructivos o malos, los adultos que esto hacen se comportan como niños en el desarrollo de su auto dominio.

Es lamentable el hecho de que no se enseñe —desde la cuna hasta la tumba— el auto control. La atención en este punto, es la necesidad más imperiosa en el mundo occidental actualmente.

Es muy fácil caer en las hábitos discordantes, pues la humanidad está hundida en un ambiente y una asociación creada por ellos mismos.

El individuo que quiere salir de esta situación, tiene que hacer enormes esfuerzos para poder tener control de su conciencia exterior y, así, poder trascender esta permanente limitación, pues nadie puede eliminar de su vida la miseria, la discordia y la destrucción hasta que tenga control de sus pensamientos y sentimientos.

Si así lo hace, no deja que la vida que le fluye por la mente y el cuerpo sea calificada por la discordia, que resulta de cada pequeño problema que pasa en su entorno.

En un principio, se requiere de un continuo esfuerzo para lograr tener control de esta disciplina, pues los pensamientos y sentimientos de la gran mayoría de la gente, andan libres y sin control alguno. Pero no importa que tan grande sea el esfuerzo para tener control absoluto de estas dos actividades, pues todo el tiempo, energía y esfuerzo valen la pena, ya que no se puede tener un control permanente de nuestra vida y nuestro mundo sin ello. El uso y aplicación de estas Leyes Superiores, te ayudará a expresar la verdadera sabiduría y a traerte perfección.

Lo primero que hay que hacer para controlarse uno mismo, es aquietar toda actividad exterior, tanto en la mente como en el cuerpo. Esto lo debemos de hacer 15 ó 20 minutos antes de acostarnos a dormir, y también por las mañanas antes de comenzar un nuevo día. Al llevar a cabo ésto obtendremos prodigios, siempre y cuando hagamos los esfuerzos necesarios.

El segundo paso, es asegurarnos de que nada ni nadie nos interrumpa. Una vez instalados en la quietud y tranquilidad necesaria, hay que visualizar y sentir el cuerpo envuelto de una Luz Radiante, blanca. Durante los primeros 5 minutos de esta visualización, hay que sentir intensamente la conexión entre lo exterior y el Magno Dios Interno, llevando la atención al corazón, y visualizando a éste como el Sol Dorado.

A continuación, debemos reconocer lo siguiente: "YO ACEPTO GOZOSO LA PLENITUD DE MI MAGICA PRESENCIA DE DIOS, EL CRISTO PURO". Siente el gran brillo de la luz, intensificándola a cada célula de tu cuerpo durante unos 10 minutos más.

Después, termina la meditación ordenando: "YO SOY HIJO DE LA LUZ, VIVO EN LA LUZ, AMO LA LUZ, SOY PROTEGIDO, ILUMINADO, PROVISTO Y MANTENIDO POR LA LUZ, Y BENDIGO LA LUZ".

Hay que tener en mente que uno se transforma en lo que medita, y puesto que de la luz salimos, la luz es suprema perfección y el control de todas las cosas.

Este ejercicio de contemplación y adoración de la Luz, obliga la iluminación de la mente, da fuerza y salud al cuerpo, paz, armonía y éxito en las labores de cada persona que realmente lo haga y continúe haciéndolo.

Desde el comienzo de la Era, y bajo todas las condiciones, los que han alcanzado los más altos grados de la vida nos han dicho que la Luz es suprema, que está en todas partes y que existe en todas las cosas.

Esta verdad, es tan cierta hoy, como hace millones de años. Donde remotamente se encuentre un rastro de humanidad, los grandes Sabios de todas las épocas, siempre se han presentado como un halo de Luz, emanando de la cabeza y cuerpo de cada uno de ellos.

La Luz es real, tan real como la luz eléctrica de cada hogar; y no está lejos el día en que se fabricarán máquinas que revelen la emanación de luz de los individuos, haciéndola visible, físicamente, a todo el que quiera verla. Esa máquina, también mostrará la contaminación o decoloración que forma una nube que rodea la Luz de Dios, generada por el ser personal y ocasionada por los pensamientos y sentimientos de discordia. Esta es la única forma de hacer mal uso y de calificar erróneamente la Energía de la Gran Corriente de la Vida.

Si llevas a cabo el ejercicio anterior fielmente, sintiéndolo en cada átomo de tu cuerpo con profunda intensidad, te llegará una abundante prueba de la enorme Actividad, Poder y Perfección que hay y que está siempre viva en la Luz. Cuando hayas sentido esto, aunque sea por un periodo corto, no necesitarás de más pruebas, pues serás tú, tu propia prueba. "LA LUZ ES EL REINO, ENTRA EN EL Y ESTARAS EN PAZ". Regresa a la casa del padre al transcurrir 10 días de haber hecho el ejercicio; es bueno hacerlo tres veces al día (mañana, tarde y noche). Constantemente escucho a personas quejarse diciendo: "Yo no tengo tanto tiempo libre"; pero sólo les recuerdo que si el tiempo que emplea una persona normal en criticar, condenar o culpar a los demás que les son "diferentes", lo dedicara al uso y reconocimiento de la Luz, "se les manifestaría el Cielo en la Tierra".

Aquel que lo intente, y que tenga la suficiente determinación para continuarlo, nada jamás le será imposible, pues la Luz jamás falla. La Luz es la forma que Dios usa para mantener el orden, la paz y la perfección en toda su creación. Cualquier hombre puede disponer de todo el tiempo que quiera para hacer este ejercicio, si su deseo es lo suficientemente intenso. La intensidad del deseo, por sí solo, reorganizará el mundo, lo que le rodea y las cosas de la persona, siempre y cuando, desee firmemente emplear este tiempo para su elevación.

"Nadie escapa a esta Ley, pues el intenso deseo de hacer algo constructivo, descarga el poder de la Energía necesaria para crear y expresar las cosas deseadas. Cualquier persona puede contactar con la Omnipotente Presencia de Dios, pues éste es el único poder que jamás ha elevado, eleva, ni elevará al ser personal por encima de la discordia y la limitación. Ensáyalo con gran persistencia y sabrás que Dios en ti, es tu Victoria Certera".

Cuando yo practiqué el ejercicio, y llegué a escuchar esto, pensé que éste debía ser un Maestro Ascendido, pues no sólo me había dado muestras de su dominio sobre los elementos de la Precipitación, sino que me había instruido en la forma en que lo estaba haciendo. Estuve pensativo preguntándome como era que él me conocía.

"Hijo mío", dijo contestándome el pensamiento, "te conozco hace eones. Al elevar tus pensamientos por tus propios esfuerzos, hiciste posible que me acercara a ti. No obstante, siempre he estado cerca de ti, y los planes invisibles y tus esfuerzos conscientes por alcanzar el contacto con un Maestro Ascendido, abrieron el camino para que pudiera venir en forma tangible a tus sentidos físicos. Sin embargo, veo que no me reconoces con tu conciencia exterior. Yo estuve cuando naciste y cuando murió tu madre; fui yo el instrumento que te trajo a tu esposa en el momento correcto para que no te retardaras, y ayudé para atraer hacia ti a tu hijo en esta encarnación. Sé paciente y quédate tranquilo unos momentos. Mírame fijamente y te revelaré mi identidad".

Así lo hice, y al pasar un minuto, vi su cara, su cuerpo y su ropa convertirse en la presencia viviente y tangible del Maestro Saint Germain, sonriendo y gozando de mi sorpresa. Frente a mí estaba una esplendorosa figura, con un traje cubierto de joyas y de ojos brillantes de Luz y Amor, revelándome el dominio y majestuosidad que posee.

"Este es el cuerpo con el cual llevo a cabo el bienestar de la humanidad, a menos que la situación requiera un contacto más cercano con los asuntos mundanos, y si es así, mi cuerpo toma las características y ropas necesarias de la nación en la que esté trabajando en ese momento".

"Te reconozco, pues te he visto en varias ocasiones en estado de conciencia interior", le dije.

"Entonces hijo mío, ¿ves lo que es la Maestría? Los que pertenecemos al Estado Ascendido podemos tener control sobre la estructura atómica de nuestro cuerpo, como el alfarero lo hace con el barro. Cada electrón y átomo en el Universo obedece a nuestro deseo por el Poder Deifico que hemos merecido ganar para dirigirlos. Los hombres se asombran ante estos hechos, pero te aseguro que lo hacemos con tanta facilidad, como cuando ustedes se cambian de ropa. La desafortunada condición de la conciencia humana que los mantiene en sus 'limitaciones auto-impuestas', es la actitud de la mente que, tiene miedo, o ridiculiza lo que comprende; o lo que es peor, en su ignorancia piensa que es imposible. Algo puede no ser probable en ciertas condiciones, pero el Ser Divino Interior, que es la Gran Luz, puede cambiar todas las condiciones humanas para que nada le sea imposible."

Cualquier hombre tiene la Divina Llama de la Vida en sí mismo, y ese ser, Dios, domina cualquier lugar por donde se mueva el Universo. Si por la inercia mental, el hombre no hace un esfuerzo superior para terminar con los viejos hábitos mentales y corporales, seguirá atado a las cadenas que él mismo ha formado. Pero si decide conocer al Dios Interior, y tiene el valor para darle a ese ser todas las actividades exteriores, recibirá el conocimiento de su dominio sobre todas las cosas, el cual, le pertenece desde el principio.

Ha llegado la hora de que los hombres despierten, y tienen que saber que han vivido cientos, quizás miles de vidas, y cada una en un nuevo cuerpo físico.

La Ley de la Reencarnación es la actividad del crecimiento humano que le da al individuo la oportunidad de restablecer un equilibrio condicional que él mismo, conscientemente, descompuso. Esta es sólo una de las actividades de la Ley de la Compensación, la Ley de la Causa y el Efecto, a la que podemos llamar un proceso de balanceo automático que gobierna todas las fuerzas del Universo en cualquier parte. La correcta compensación de esta Ley, explica muchas de las condiciones de la experiencia humana, que sin ella parecen totalmente injustas. Es la única explicación lógica justa de las innumerables complejidades y experiencias humanas que revelan la operación y la Ley sobre la cual descansa toda manifestación. Con esto podemos ver que no existe lo que llamamos comúnmente "casualidad o accidente", pues todo tiene una causa interior y "TODO ES LA CAUSA DE UN EFECTO FUTURO EN EL MISMO INSTANTE EN QUE SE EFECTUA LA CAUSA". Si un hombre le ha hecho daño a una mujer en una vida, seguramente reencarnará en figura femenina y pasará por algo similar, hasta que sufra lo que hizo él mismo a otra mujer. Lo mismo pasa a una mujer que ha lastimado a un hombre. Esta es la única forma en que cada uno se obligue a experimentar la causa y el efecto de todo lo que genera el mundo; pero si hace algo que les haga a otros experimentar discordias, se verá obligado a experimentar la misma condición hasta que comprenda lo que es el efecto de su propia creación sobre la vida ajena en el Universo.

PENSAR
DE MANERA CORRECTA

Pensar de manera adecuada, en un sentido elemental, amplio y general, es tener pensamientos positivos y no negativos. Significa albergar pensamientos exitosos y no de fracasos, de salud y no de enfermedades, de amor y no de odio, de buen humor y no de melancolía, de optimismo y no de pesimismo, de abundancia y no de pobreza, de triunfo y no de derrota, de libertad y no de limitaciones, etc. El que así lo haga, cambiará de manera interna, y esto provocará también sus acciones, transformando así, la vida y sus circunstancias. Es por esto que, cuando tenemos un cambio en nuestra manera de pensar, cambiando todo lo negativo por positivo, nuestro carácter y personalidad también cambian favorablemente. Hay que transformarnos por el renovamiento de nuestras mentes.

Sin embargo, pensar correctamente en un sentido más elevado, es algo muy superior a lo anterior. Es pensar en un estado de conciencia muy superior, y desde un punto de vista, completamente nuevo para el individuo. Significa pensar desde el punto de vista de la Mente Universal, en substitución de una mente débil, limitada y finita.

Es pensar con la convicción y conciencia de que el Amor, la perfección, la salud y la armonía son realidad. Es librarse de pensamientos, de esclavitud, de los sentidos y de la tiranía del deseo. Es vivir nuestra existencia en una octava más alta, en un plano enteramente superior. Con todo esto, es posible trascender las limitaciones del tiempo y de los sentidos, introducirnos en la conciencia de la vida y del ser eterno, de pensar con Dios (tal y como él piensa, y no de la manera finita como lo hacen los hombres) en vez de contra El.

Pensar de manera correcta, es pensar y vivir en la conciencia de que todo está bien. Es saber "en nuestra propia alma", que los procedimientos de Dios son perfectos, que El no comete errores, que todo va unido hacia la realización completa del Propósito Divino. Es saber que la perfección existe en verdad ahora, y actuar convencidos de tal conocimiento.

Sin embargo, no debemos de creer que al entrar a esta conciencia superior, nos convertimos en seres omniscientes si obtenemos la revelación de lo que Jesús expresó al hablar de la verdad que debíamos alcanzar y que nos daría la libertad.

La diferencia entre el pensar en el plano inferior de los sentidos de la mente, y pensar en el plano superior de la Mente Universal, está muy bien descrita en Isaías, Cap. 55: "Porque todos mis pensamientos no son vuestros pensamientos, ni vuestros métodos mis métodos, —dijo el Señor.— Porque así como los cielos son más elevados que la tierra, así mis métodos son más altos que vuestros métodos". Por esto, para pensar con Dios, que es la aspiración de todo el que busca la verdad, se necesita elevarse muy por encima del plano ordinario del pensamiento humano, es decir, pensar en una conciencia del todo superior. Cuando el hombre está dispuesto al cambio, es invitado por Dios para hacerlo. En el mismo capítulo podemos leer: "Que el impío abandone su camino, y el hombre inicuo sus pensamientos; y que retorne al Señor, quien tendrá de él misericordia, y al Dios nuestro, que le perdonará cumplidamente".

El poder llegar a la Mente Cósmica o Universal, está demostrado por la experiencia humana y en el Nuevo Testamento. Es evidente que Jesús, el Cristo, pudo elevarse a voluntad al reino supra-consciente de la Mente Universal. Las enseñanzas del mismo proceden, en su mayoría, directamente de la Mente Cósmica, por lo cuál, sólo pueden ser comprendidas cuando se admite y entiende este hecho. No hay duda de que podía elevarse y llegar a la Mente Superior de Dios.

De este plano, o lo que llamamos en ocasiones Octava Superior, viene toda curación; en este reino superconsciente se puede entender la verdad en tal forma que nos haga libres.

Pensar de manera correcta, es lo contrario de los sueños que no podemos practicar o del éxtasis místico; es intensamente práctico. Por ejemplo, un hombre de negocios práctico, que empezó sus actividades sin un solo centavo, y que tuvo que luchar en contra de dificultades durante muchos años, dirá que no hay nada tan práctico y tan auxiliador, que el pensar de manera correcta.

Las superiores consecuencias de este pensar correcto en armonía con Dios, están descritas en un lenguaje poético y simbólico por el inspirado profeta, quien a su vez habla desde el punto de vista de la Mente Universal. Isaías dice: "Porque con alegrías saldréis conducidos, los montes y los collados elevarán sus cánticos ante vosotros y todos los árboles del campo aplaudirán. En lugar de la zarza crecerá el abeto, y en lugar de la ortiga crecerán los mirtos, y será en nombre del Señor, y quedará como signo imperecedero que no será borrado".

Se ha demostrado en la experiencia práctica, que todas las promesas anteriores son verdades. Los que aprenden el arte y la ciencia de pensar de manera correcta encuentran, con el tiempo, que las espinas y las zarzas del fracaso, temor, discordia, odio, enfermedad, desdicha y sufrimiento innecesario, "dan" su lugar al verdadero éxito, logro, armonía, amor, felicidad y salud. Lo dicho por el profeta en un lenguaje llano y sencillo, muestra de manera clara que los que piensan en armonía con Dios, en lugar de contra El, disfrutan aquí y ahora, en esta vida de armonía, paz, salud, felicidad y dicha.

LOS SIETE PLANOS

La palabra plano proviene del latín *PLANUS*, que quiere decir evidente, manifiesto.

El tema de los planos es algo que cualquier estudiante de la verdad debe de conocer y dominar; su estudio y conocimiento es casi de alcance infinito. Hay que profundizar en él cada vez más, conforme se pueda.

Como en su mayoría el nombre de estos planos se dio inicialmente en Sánscrito, muchas personas al tratar de traducirlos a los idiomas modernos, les ha dado diversas denominaciones, causando gran confusión entre los estudiantes. Por esto, daremos los nombres, tal y como los Maestros Ascendidos y sus más acreditados discípulos los han revelado.

Los planos son diferentes estados de materias que, de acuerdo a su rata vibratoria, están organizados desde el más denso hasta el más sutil, y cada uno de ellos tiene una extensión, un estado de conciencia determinado, así como características que los diferencian de los demás, aunque todos son un cuerpo absoluto.

Hay siete grandes planos cósmicos, pero nosotros sólo estudiaremos el más bajo de éstos —físico cósmico—, puesto que es el único que la mente finita del hombre puede comprender. Este plano físico cósmico se divide, a su vez, en siete planos, y cada uno de ellos, se subdivide en siete subplanos.

Los siete planos principales de nuestro sistema solar, que es el plano físico cósmico —el más denso de los planos cósmicos—, van de arriba hacia abajo:

PLANO ADICO, PLANO MONADICO, PLANO ATMICO, PLANO BUDDHICO, PLANO MANASICO, PLANO ASTRAL, y **PLANO FISICO.**

AMIDA BUDDHA

Al iniciar el periodo de manifestación, El Absoluto dijo la palabra creadora "Yo Soy", y este Universo empezó a existir conformando el cuerpo de la presencia "Yo Soy Universal". Esta es la fuente original de todo lo que Es y Existe. De él ha surgido todo, primordialmente las jerarquías creadoras o primeros Buddhas, que son seres iluminados con un poder y una luz inconmensurable. Así pues, los ADI-BUDDHAS, son los primordiales Seres de Luz.

El primero de todos ellos es AMIDA BUDDHA, y su plano es el Nirvana Cósmico, la tierra pura del esplendor sin límites. AMIDA BUDDHA es el primero que emana de la conciencia "Yo Soy Cósmica", a la cual los hindúes llaman Brahman.

El nombre AMIDA BUDDHA es japonés; proviene del término Sánscrito AMITABA, que quiere decir luz o edad sin límites. Y precisamente, ambas cualidades son él, pues es la Luz Infinita. Es la luz de todas las cosas, y puesto que en él se origina, desarrolla y consume el tiempo y el espacio de manera perfecta, se puede decir que es la edad sin límites. No hay nada en el cosmos que no esté dentro del cuerpo del AMIDA BUDDHA. También es conocido como AVALOKITESWARA, que quiere decir "el que mira hacia abajo".

El máximo ser que está por encima de todos y mira es el "Yo Soy". AMIDA BUDDHA es conocido, venerado, reverenciado y muy amado en el Tíbet. Es el punto central de todas las entidades de Luz y DHYANNI BUDDHAS que se mencionan en el "Libro de los Muertos" (BARDO THODOL), que es una especie de Biblia tibetana. Este "Libro Tibetano de los Muertos" es la guía del despertar a los planos sutiles de los discípulos espirituales que mueren en la vida de este mundo.

AMIDA BUDDHA, como ser de luz y ser envolvente de los demás seres de luz, tiene dentro de su

"Yo Soy" la conciencia de los demás BUDDHAS, entre ellos a los cinco ADI-BUDDHAS o DHYANNI BUDDHAS, creadores de los cinco tanmtras o raíces que originan los cinco directores Elementales Cósmicos.

Estos Directores Elementales originan los Planos de Manifestación Cósmica. Cada uno de ellos tiene un Director Elemental para el planeta Luz Tierra, y cada uno de ellos ha dado el nombre de uno de los sentidos en cada chakra del hombre uno de los ADI. Así pues, Buddhas, Tanmtras y Directores Elementales están presentes.

Los cinco ADI-BUDDHAS son:

AMIDA

VAJARASATIVA

RATNA-SAMBHAVA

VAIROCHANA

AMOGASIDDHI

EL YOGA

YOGA proviene del Sánscrito, y quiere decir unión. Es la ciencia que trata de la unión consciente con Dios, y ésta se puede observar en dos: la unión con Dios vista inmanentemente, y la vista trascendentemente.

La primera visión nos dice que Dios vive en cada hombre y es la Divina Presencia "Yo Soy" con su octava anclada en el corazón, que es el Cristo Interno.

La trascendente, por su parte, es la visión de Dios de manera cósmica o externa —aparentemente—, como lo es el Logos Planetario que tiene en su cuerpo todo lo manifestado en la Tierra; o el Logos Solar, que contiene en sí todo lo manifestado en el Sistema Solar.

Ambas visiones son reales y una sola a la vez, pues Dios es interno. Nuestra presencia "Yo Soy" es inmanente, pero también es uno en conciencia dentro del cuerpo Logos, nuestro Dios trascendente.

Cualquier persona que busque la unión con Dios, es un practicante del YOGA, sin importar que sea cristiano, buddhista, musulmán, hinduista, rosa-cruz, metafísico, etc.

La persona que practique el YOGA recibe el nombre de YOGUIN. Nadie puede llegar a Dios si no es un YOGUIN. Y aquel que haya llegado a una comunión con Dios, se puede llamar YOGUI.

No debemos de confundir el YOGA con el simple hecho de realizar ciertos ejercicios, pues estos ejercicios llamados comúnmente "yoga", sólo son una rama del verdadero YOGA que se ocupa del cuerpo físico y etéreo.

La práctica del YOGA consiste de tres pasos que resumen todos los demás que se dan en el Sendero:

1.- **CRISTI YOGA** o **YOGA CRISTICO**: Es la unificación del cuaternario interior con el ser crístico.

2.- **ATMA YOGA** o **YOGA**: Es la unificación definitiva y absoluta del ser crístico con la Divina y Todopoderosa Presencia "Yo Soy".

3.- **BRAMA YOGA**: Es donde todas las cosas existen y no hay nada que no sea él.

CAMINOS
HACIA EL FRACASO

Muchas veces, una personalidad agradable es sumamente importante por tratarse de un factor que ayuda al hombre para prestar servicios con el espíritu necesario. Una personalidad agradable y la capacidad de rendir con espíritu de armonía, son cualidades que casi siempre compensan cualquier error que pudiera existir en relación a la cantidad o calidad de los servicios. Por el contrario, no hay nada que pueda sustituir exitosamente a una conducta agradable.

La persona que vende sus servicios personales, es tan comerciante como el que vende cualquier artículo, y están sujetos a las mismas reglas de conducta. Menciono esto, pues muchas personas que prestan o venden sus servicios personales, creen que son libres de toda responsabilidad y reglas de conducta que conciernen al comerciante que vende artículos de consumo.

Un cerebro competente, cuando se usa de forma adecuada, constituye una forma de capital mucho más apetecible que el que se necesita para manejar un negocio relacionado con cualquier producto, y no puede ser desperdiciado por las depresiones, robado o gastado.

Asimismo, el dinero carece de cualquier utilidad si no se tiene un cerebro adecuado que lo invierta en una buena empresa o negocio.

Una gran parte de las personas no logra llegar al éxito o no cumplen sus metas, y son muy pocas, las que lo logran. Las que fracasan pueden llegar a representar un 98% del total de personas.

Se ha podido demostrar que son 31 las causas que nos llevan al fracaso. Las expondré a continuación para que puedas descubrir cuántas de ellas están obstaculizando tu camino hacia el éxito:

1.- **Antecedentes hereditarios desfavorables**: Poco, o casi nada, se puede hacer con una persona que ha nacido con deficiencias mentales. De las 31 causas que menciono, esta es la única que no se puede corregir con facilidad por parte del propio afectado.

2.- **Falta de ambición para elevarse por encima de la mediocridad**: Mostrar una actitud indiferente para progresar y no querer pagar cierto precio por el sacrificio, no nos llevará a ningún lado.

3.- **Falta de un propósito definido más importante**: Todo aquel que carezca de un objetivo central o una meta en la vida, no podrá tener esperanzas de éxito. La gran mayoría de personas no tienen este propósito, y quizá por esto, no lleguen a triunfar en la vida.

4.- **Falta de auto disciplina**: Para poder obtener disciplina es necesario el auto dominio, dominar las cualidades negativas. El ser humano debe de aprender a auto dominarse antes de tomar el control de las condiciones. Este auto dominio es el trabajo más difícil de realizar, pero si no se auto conquista uno, el "yo negativo" lo controlará.

5.- Insuficiente educación: No es necesario tener un título universitario para ser educado, pues muchas personas educadas son las que se han hecho o educado a sí mismas. Ser educado es saber como lograr los fines o metas, sin que esto viole o afecte a terceras personas. Para ser educado, no sólo hay que tener conocimientos, sino saber aplicarlos. Hay que tener presente que a nadie se le paga por lo que sabe, sino por lo que hace con lo que sabe.

6.- Influencias de un mal ambiente durante la infancia: Muchas personas que sufren de tendencias criminales, las han adquirido como resultado de un ambiente desfavorable y de malas compañías cuando se era niño.

7.- Falta de persistencia: Muchísimas personas empiezan bien algo, pero al final, acaban muy mal lo que iniciaron. De igual manera, hay una gran tendencia de abandonar lo que se ha empezado cuando se empieza a complicar la cosa. La perseverancia no tiene substituto; si se es persistente y tenaz, el fracaso se cansará y se irá, pues nunca ha podido ganarle a la tenacidad y perseverancia.

8.- **Dilación o retraso**: Una de las causas más frecuentes para el fracaso es algo que parece estar dentro de cada persona, esperando una oportunidad para estropear las posibilidades de éxito. Muchas personas fracasan por estar esperando el "momento ideal" para dar inicio a algo importante, sin pensar jamás que ese momento nunca será el adecuado. Hay que actuar de inmediato y ponernos a trabajar con lo que se tiene a la mano, pues conforme avancemos, se irá haciendo mejor el trabajo o tarea.

9.- **Mala salud**: Sin una buena salud, difícilmente llegaremos al éxito. Muchas enfermedades están sujetas al control y dominio. Las causas más comunes para una mala salud son: sobrealimentación perjudicial, exceso y abuso de los placeres sexuales, falta de ejercicio físico adecuado, malos hábitos de pensamiento —admitiendo los negativos e inadecuados—, suministro de aire puro por una mala respiración.

10.- **Falta de dominio en el aspecto sexual**: De los estímulos que llevan a las personas a actuar, la energía sexual es el más poderoso estímulo y la emoción más fuerte, por lo que hay que dominarla por medio de la transmutación, encauzándola por distintos canales.

11.- **Personalidad negativa**: Todos los que tengan una personalidad negativa no tienen posibilidad alguna de éxito. Esto se soluciona por medio de la aplicación del poder, el cual, a su vez, se consigue por medio de los esfuerzos de cooperación de otros hombres. El que tenga este tipo de personalidad, nunca logrará impulsar a otros para que cooperen.

12.- **Excesiva prudencia**: El que no se arriesga, se verá obligado a tomar lo que los demás dejaron. Una prudencia exagerada, es tan dañina y mala como si no se tuviera. Hay que evitar ser demasiado extremista.

13.- **Prejuicios y superstición**: Los prejuicios y la superstición son símbolos de ignorancia y una forma de miedo. Las personas exitosas no temen a nada y siempre mantienen la mente abierta.

14.- **Falta de concentración y de esfuerzo**: Como dice el conocido refrán "quien a muchos amos sirve, con uno queda mal", es decir, si se tienen varios oficios o actividades, jamás se podrá sobresalir en alguno. Debemos de concentrar el esfuerzo en un solo objetivo.

15.- **Deseo de conseguir algo sin ningún esfuerzo**: Muchas personas viven esperanzadas a que el dinero o el éxito les caiga del cielo sin hacer nada por sobresalir.

16.- **Indecisión**: Cuando una persona obtiene el éxito, es porque toma decisiones de manera rápida, cambiándolas, si es necesario, lentamente. Las que fracasan, lo hacen completamente al revés. La indecisión y el retraso para tomar una decisión van casi siempre de la mano; hay que eliminar ambas.

17.- **Elección equivocada de la vocación**: Es imposible lograr el éxito en una empresa que no le gusta a uno. Debemos de seleccionar una carrera a la cual le podamos dar cuerpo y alma, pues solo así lograremos llegar a nuestras metas.

18.- **Costumbre de gastar en exceso**: Este es, quizás, un freno muy importante en la búsqueda del éxito, pues las personas que gastan el dinero en demasía, pueden hacerlo inconscientemente por temor a la pobreza. Debemos de acostumbrarnos a ahorrar una parte de nuestros ingresos, pues el dinero guardado en el banco proporciona una enorme seguridad. Hay que recordar que cuando no se tiene dinero, es necesario aceptar siempre lo que se ofrece, e incluso nos alegramos de ello.

19.- **Intolerancia**: Esto significa que el hombre ha dejado de adquirir conocimientos. Las más perjudiciales son las que tienen que ver con las diferencias de opinión política, racial y religiosa. Casi nadie puede progresar con una mente cerrada a cualquier tema.

20.- **Falta de entusiasmo**: Cuando se carece de entusiasmo, no se puede ser una persona convincente. Cuando se tiene, se transmite a cualquier persona y se es bien aceptado en cualquier círculo gracias a éste.

21.- **Tener uno o varios de los seis temores básicos**: Debemos de dominarlos antes de poder vender provechosamente nuestros servicios en cualquier actividad de la vida.

22.- Elegir erróneamente al cónyuge: Esta es la causa más común en el fracaso. Cuando nos enlazamos matrimonialmente con alguien, entramos en contacto íntimamente con esta persona, y si nuestras relaciones amorosas no llegan a ser armoniosas, el fracaso aparecerá rápidamente. Este fracaso estará marcado por el dolor y la infelicidad continuos, destruyendo cualquier síntoma de ambición.

23.- Escoger de manera equivocada a los socios en los negocios: Esta es otra causa muy frecuente para el fracaso, pues cuando alguien vende sus servicios personales a otros, debe de rodearse de personas dignas de inteligencia, confianza y de éxito, a quienes se merezca imitar. Generalmente, siempre se emulan las actitudes de las personas con las que trabajamos.

24.- Falta de templanza o intemperancia: Las formas más dañinas de éstas, se asocian con las comidas, bebidas y las actividades sexuales. Abusar de cualquiera de ellas, es muy malo si se busca el éxito.

25.- Deshonestidad deliberada: Es imposible tratar de encontrar un substituto de la honradez. Podemos llegar a ser deshonestos de manera pasajera, y sólo debido a circunstancias sobre las cuales no se ejerce dominio sin causar daño permanente. Pero si hacemos uso de lo deshonesto deliberadamente, llegará un momento en que nuestras actividades nos abrumarán, y nos harán perder credibilidad, e incluso, la libertad.

26.- Falta de dinero: Generalmente, al iniciar un negocio o empresa, si falta capital, difícilmente llegaremos al éxito, pues debemos de contar con él para enfrentar errores y poder avanzar hasta crearnos una reputación.

27.- Vanidad y egoísmo: Contar con estas cualidades negativas, nos llevarán directamente al fracaso, pues las personas se alejarán de nosotros al conocer nuestro egoísmo y vanidad.

28.- Lograr el poder y puestos superiores sin esfuerzo alguno: Cuando llegamos al poder por medio de alguna herencia, o porque nuestros padres han sido personas ricas y nos han dejado el control de alguna empresa, y no demostramos capacidad o luchamos por obtener un éxito en nuestras activi-dades, el fracaso aparecerá inmediatamente. Las riquezas "rápidas" suelen ser tan peligrosas, como la misma pobreza.

29.- **Suponer en lugar de pensar**: Muchas per-sonas son muy flojas o indiferentes cuando de meditar cuidadosamente se trata, y opinan de las cosas de acuerdo a juicios apresurados. Debemos de pensar y meditar muy bien cualquier cosa antes de enjuiciarla.

30.- **Incapacidad de trabajar o colaborar con otras personas**: Debido a esta incapacidad, mu-chas personas pierden enormes oportunidades o, inclusive, el trabajo. Un buen líder o un hombre de negocios consciente, nunca perdonará este tipo de falla.

31.- Este espacio lo dejamos libre para que tú, haciendo una meditación profunda, pongas una causa en particular que te haya llevado al fracaso y que no hayas encontrado en la lista anterior.

Revisa cuidadosamente esta lista y analízate. Puedes obtener ayuda de una persona que te conozca muy bien, ya que es prácticamente imposible que puedas verte objetivamente, o igual que como alguien más te pueda ver.

Por último, es de vital importancia llegar a conocer tus debilidades, con el fin de que puedas superarlas o eliminarlas completamente, para poder lograr el éxito en tus negocios o empresas.

Sólo cuando uno se analiza profundamente y a conciencia, puede llegar a conocerse; y sólo conociéndose a sí mismo, sabrá exactamente cuál es su verdadero valor.

¿CÓMO LOGRAR
APROVECHAR
LOS FRACASOS?

Lo peor que puede pasarnos no es fracasar, sino que no logremos sacar de ellos las enseñanzas que nos puedan llevar al éxito. Este es un factor decisivo para lograr triunfar en la vida.

Cualquier persona que haya logrado llegar al éxito, ha tenido la capacidad de aprender de sus fracasos, analizando éstos y realizando nuevos intentos en su lucha por sobresalir. Hay que tener en mente siempre que no es la derrota la que nos lleva al fracaso, sino la negativa de tomarla como guía o incentivo.

No debemos sentir vergüenza de los errores, pues son incidentes que no faltan en la vida de cualquier hombre que actúa. Pueden dejar alguna pérdida si no los aceptamos sin humillación y no buscamos su verdadera causa. Si la consideramos como un aviso oportuno y amistoso, la falla que hemos experimentado no nos parecerá mortificante, y su análisis nos ofrecerá aleccionadoras enseñanzas. Podemos decir que la derrota puede convertirse en un remedio eficaz de sus propias causas.

La derrota no sólo es la preparación para el triunfo, sino también un enorme estímulo para llegar al éxito. De los cuatro deseos primarios, el que se manifiesta primero es el del dominio. Si, por ejemplo, dejamos que un niño tome la rama de un árbol y empiece a tirar de ella, pronto lo veremos agarrándola más fuerte hasta quedar colgado. Esta es la reacción que nos dará un nueva y mayor fuerza cada que tengamos un contratiempo o error. Si logramos explotar de manera adecuada la energía del fracaso, obtendremos resultados muy superiores a los que hubiéramos obtenido estando serenos.

Una vez que se analice de manera profunda la derrota, sabremos perfectamente a qué o a quién nos estamos enfrentando; ya no tendremos esa vaga imagen fantasmal que, de no saber qué es, aparecerá en nuestro camino al éxito constantemente, impidiendo que lleguemos a nuestras metas.

Si alguien pierde su trabajo, no debe de sentirse temeroso de pedir empleo nuevamente; otros quizá sienten miedo de solicitar un aumento por habérseles negado anteriormente; inclusive, hay madres que no dejan que sus hijos aprendan a nadar por miedo a que se ahoguen. Este tipo de actitudes las vemos constantemente entre nuestros familiares o amigos y, por lo general, nos parecen ridículas; pero ¿nosotros no actuamos así cuando tratamos de huir de algún fracaso que experimentamos?

Todos intentamos ocultar este tipo de huidas a nuestro modo, y la más sencilla consiste en decirse a sí mismo que "no hay tal fracaso, y que estamos avanzando", cuando la realidad es otra. Un hombre que procura mantener la confianza en sí mismo comentando a familiares y amigos que pronto será ascendido en su trabajo, sabiendo que ha llegado al

tope de su capacidad, no puede engañar a su sub-
consciencia. Lo único que en verdad está haciendo
es que, en cada intento por ocultar su fracaso, está
perdiendo confianza en sí mismo.

Otra manera de disimular los fracasos, es el
"olvidar" los reveses. Esto parecería tener gran
mérito si en verdad pudiéramos, psicológicamente,
sacar los malos recuerdos de nuestra memoria. Pero
no es así; lo más que se puede conseguir es
reprimirlos. Si esto sucede, los recuerdos malos se
convierten en origen de emociones dañinas, engen-
drando miedo, depresiones, odio y sentimientos
antisociales. Además, causan desórdenes mentales
y físicos en la persona, y en lugar de estimular la
confianza, dan origen al complejo.

Si la idea de llegar a fracasar fuera tan grande
que cause en nosotros la imposibilidad de pensar
claramente, debemos de buscar el remedio a esta
situación asistiendo a una fiesta o haciendo ejercicio fuera de lo corriente; también es recomendable
tomar un buen sueño y, al despertar, nos sorpren-
derá la lucidez con que vemos las cosas. Debemos
de sacar partido de la derrota y empezar nueva-

mente. Sería bueno poder observar los falsos valores, los deseos fútiles y necios en lugar del contratiempo temporal que ya se ha ido.

Obtener este beneficio, hace que valga la pena experimentar una derrota. Después de haberla analizado, hay que encauzar todos los sentimientos para que nos animen y nos sostengan en nuestro nuevo intento. Si la derrota ha prendido en nuestro ser un anhelo inextinguible de superación, nada habrá que se interponga en el éxito de nuestra nueva empresa.

LAS RIQUEZAS
DEL HOMBRE

Cualquier hombre aspira en la vida a tener cosas mejores. Unos desean estabilidad económica; otros van más allá, pretendiendo una oportunidad para su talento, con el fin de crear su propia riqueza. También hay quienes pretenden seguir el camino fácil, esperando que la riqueza les llegue sin el mayor esfuerzo, pero se equivocan, ya que "la vida enseña que nunca mucho costó poco".

Para lograr obtener las riquezas que deseamos sólo hay un camino y, éste, sólo podrá ser transitado por los que tienen la clave o el secreto, es decir, los que poseen la llave que abre las puertas de la salud, el amor y las amistades. Este camino, revela el método para salir airoso de cualquier adversidad, transformando los errores o fracasos en riquezas de gran valor. Estas, darán vida y animarán a las esperanzas que en un principio fallaron. Este camino, puede llevar a un hombre de la posición más humilde, hasta una de fortuna, fama y poder. Devolverá la juventud a los espíritus que han envejecido prematuramente; hará más fácil la posesión de la propia mente, para que ésta ejerza el total control sobre los pensamientos y sentimientos. Cubrirá las deficiencias de los que llegan a tener una educación incompleta, ubicándolos en igualdad de circunstancias con los que han recibido una mejor educación; y por último, abre las puertas a las doce grandes riquezas de la vida, las cuáles describiremos más adelante.

Aquí, hablaremos de las riquezas que el hombre posee, y de las cuales, muchas veces no se da por enterado. El hombre tiene dos personalidades diferentes —incluso hay unos que tienen más—. Primero que nada, el hombre tiene el "yo" físico, el cual contiene otros "yo" (dos como mínimo), que constantemente luchan entre sí.

Uno de estos "yo", es negativo; piensa y vive en una atmósfera llena de temor, dudas, enfermedades, pobreza y fracasos, y en muy pocas ocasiones se ve decepcionada. Este "yo" negativo actúa cuando se presentan situaciones negativas en la vida que el hombre quiere rechazar, pero se ve forzado a aceptar el tedio, la pobreza, la duda, el miedo, la enfermedad y todo lo que se presenta durante esos momentos.

El otro "yo" es el positivo, que piensa en términos afirmativos y dinámicos de la salud, el dinero, el éxito, la amistad, el amor, el servicio a los demás y demás acciones que llevan al individuo a la obtención de dichas bendiciones. Este "yo" es capaz de reconocer y apropiarse de las grandes riquezas, y de recibir el secreto que le llevará a ellas.

Entre otros dones que podemos observar en el ser humano, podemos encontrar lo que llamamos "Centro de Vibración", y que es como una emisora de radio y un receptor de muy alta sensibilidad, el cual está sintonizado con las personas y con el mundo que rodea al individuo. Tiene una gran potencia, y proyecta los sentimientos y pensamientos, recibiendo muchos mensajes importantes para alcanzar el éxito. Nunca deja de funcionar, ya sea que esté dormida o despierta la persona, y siempre está bajo el control de uno de los "yo" que mencionamos (negativo o positivo).

Obviamente, si el "yo" negativo recibe los mensajes, sólo tomará aquellos mensajes negativos que provienen de personas negativas, llevándonos a una conducta desalentadora y sin fe, empleando todas sus energías para este mismo malévolo fin.

Pero cuando el "yo" positivo está al "mando", se recibirán mensajes optimistas, estimulantes y de alta energía, introduciendo en nuestro ser la mentalidad de "tú puedes hacerlo"; esto se traducirá en buena salud, prosperidad, amor, felicidad y éxitos en general.

Pues bien, la clave de la riqueza se sitúa dependiendo en manos de que "yo" se encuentre nuestra "estación de radio"; claro que para llegar al éxito, debemos de tener a nuestro "yo" positivo al mando. En este libro, encontrarás los medios para poder tener las bendiciones del secreto o la clave, pero debes tener en cuenta que la responsabilidad de participación, es sólo tuya.

Se puede advertir que cualquier éxito individual perdurable siempre ha tenido sus principios bajo la influencia favorable de otra persona, por medio de alguna participación. Aquí, el lector podrá participar del conocimiento por el cual conseguirá la riqueza, pero no sólo en el sentido económico, sino de todas las riquezas, por medio de la expresión de su iniciativa personal. Este es el principal don que se puede alcanzar.

Independientemente de esto, hay que estar siempre listos para cuando se nos presente la riqueza en cualquier ámbito. No sólo la riqueza se va a ver en el dinero, sino en muchos otros valores que no son exclusivamente materiales. Hablamos pues, de grandes riquezas cuyos poseedores han obtenido de la vida gracias a su propio esfuerzo, condiciones que dan la felicidad absoluta y completa. En otras palabras, las "Grandes Riquezas de la Vida".

LAS DOCE GRANDES RIQUEZAS DE LA VIDA

1.- **Actitud mental positiva**: Las riquezas, sin importar su naturaleza, comienzan con un estado de ánimo adecuado. Hay que tener en cuenta que un estado, es lo único en lo que el hombre tiene un derecho de control absoluto, y que es muy significativo que sólo el hombre es capaz de hacerlo al formar sus pensamientos y la facultad de adaptarlos a cualquier modelo que haya elegido.

Esta actitud mental es muy importante, pues actúa como un electroimán que atrae los pensamientos propositivos y miras dominantes, así como los miedos, dudas y preocupaciones. También constituye el punto de partida de cualquier riqueza (material o no), proporcionando cualquiera de ellas que se encuentran en la naturaleza, como las que están en la tarea elegida voluntariamente, que indicarán la más elevada de las virtudes del alma humana. También atraerá las riquezas de armonía entre familiares y amigos y de la buena salud. De igual manera, proporcionará la riqueza del buen ánimo y de la liberación del miedo; de la risa y la canción; de la autodisciplina, que da al hombre la satisfacción de saber que la mente puede servir a todo fin deseado, si se toma control firme de ella; de la riqueza de descubrir el otro yo, aquel que no conoce la realidad del permanente fracaso; de la riqueza del juego, esa que nos hace alejarnos un poco de las duras jornadas y nos convierte en niños por un momento; la riqueza de la meditación y de la fe en la inteligencia infinita, de la que cada mente en sólo una pequeña proyección; y de cualquier riqueza que, siempre iniciará con una actitud mental positiva. Es por esto que ocupa el primer lugar entre las doce Grandes Riquezas de la Vida.

2.- **Buena salud corporal**: Una buena salud comienza con una conciencia de salud, siempre gracias a una mente que piensa en términos de salud, y jamás en términos de enfermedad, unida a los buenos hábitos en el comer y hacer ejercicios de manera equilibrada.

3.- **Esperanza de logro**: La más grande de todas las felicidades, es cuando se logra algo a lo que le teníamos mucha esperanza. Es muy triste ver que alguien pierde la esperanza de llegar a ser lo que siempre había deseado, o de alcanzar lo que tanto desea.

4.- **Armonía en las relaciones humanas**: La armonía que se debe tener con los demás, siempre inicia con uno mismo. Aquí cabe citar a Shakespeare: "Sé fiel a tu propio yo, y de ello seguirá, como la noche al día, que no puedes ser falso con ningún hombre".

5.- **Capacidad para la fe**: La fe eslabona la mente consciente del hombre y la inteligencia infinita, surgiendo de ella las riquezas de la vida, dando poder y acción creadora a los impulsos del pensamiento. Esta facultad lleva las energías corrientes del pensamiento a sus equivalentes espirituales, siendo la única con la que los hombres captan la fuerza cósmica de la inteligencia infinita.

6.- **Trabajo de amor**: El hombre más rico es aquel que ha encontrado un trabajo de amor y que lleva a cabo de manera comprometida, pues el trabajo es la forma más elevada de la expresión humana del deseo, y el vínculo entre la oferta y la demanda de las necesidades del hombre. El trabajo de amor enaltece, ya que da enorme placer a la auto expresión del que lo hace.

7.- **Autodisciplina**: Cuando la persona no es dueña de sí misma, nunca será dueña de nada. Alguien dueño de sí mismo, puede ser el dueño de su propio destino y suerte, así como capitán de su alma. La mayor expresión de la autodisciplina, es la humildad del corazón cuando se ha llegado al éxito y a la riqueza.

8.- **Mente abierta a cualquier dificultad**: La tolerancia, uno de los principales atributos de la cultura, sólo la practican los que tienen una mente abierta a cualquier tema. Las personas con mente abierta son las únicas que se hacen educadas y que se preparan para recibir las riquezas de la vida.

9.- **Capacidad para comprender a los demás**: Las personas que entienden a las demás, reconocen que todos los hombres son en algo parecidos, pues vienen de la misma fuente, y que las actividades humanas están basadas en uno o más de los nueve motivos básicos vitales, que son:

La emoción del amor
La emoción del sexo
La emoción de la cólera
La emoción del miedo
El deseo de ganancia material
El deseo de la libertad corporal y mental
El deseo de autoconservación
El deseo de autoexpresión
El deseo de perpetuación de la vida más allá de la muerte

El que desee entender a los demás, deberá de empezar por entenderse a sí mismo. Tratar de comprender a los demás, eliminará posibles roces o dificultades con los que le rodean, representando la base de cualquier amistad, cooperación y armonía, y sin lugar a dudas, el fundamento principal en cualquier liderazgo que necesita una amistosa colaboración.

10.- **Satisfacción en compartir las riquezas y bendiciones propias**: Cualquier persona que desconozca el bello arte de compartir, aún no se encuentra en el camino de la verdadera felicidad, pues ésta, no es otra cosa que compartir con los demás todo. Cualquier cosa que se comparta con el necesitado, será embellecida y multiplicada. Por esto, este acto determina el lugar que ocupamos en el corazón de las personas con las que compartimos. Recordemos que cualquier bien, material o no, que no se comparte, se marchita y muere, ya que una de las primeras leyes de la naturaleza consiste en la inacción y el desuso, llevando al debilitamiento y a la muerte a nuestras posesiones materiales, así como a las células vivientes de nuestro organismo.

11.- **Seguridad económica**: La seguridad económica manifiesta la parte tangible y material de las riquezas que hemos mencionado. Pero ésta no se alcanza solamente obteniendo dinero, sino gracias a los servicios que prestamos, pues si son útiles, se transforman en todas las formas de las necesidades del hombre, usando o no el dinero. Así, por ejemplo, un hombre de negocios con una enorme fortuna, tiene seguridad económica no sólo por el dinero que posee, sino porque da empleo provechoso a varias personas, y mediante el trabajo de ellas, da servicios o mercancías de valor a otras personas. Es decir, los servicios útiles que presta atraen el dinero que tiene, logrando una seguridad económica perdurable.

12.- **Liberación del miedo**: Una persona no puede ser libre mientras tenga algún temor. El miedo provoca el daño, y si éste aparece, deberá ser exterminado antes de llegar a la riqueza que se busca. Los principales miedos que surgen en la mente del hombre son:

Miedo a la Pobreza
Miedo a las Críticas
Miedo a la Mala Salud
Miedo a Perder el Amor
Miedo a la Vejez
Miedo a la Muerte

Generalmente, los tres primeros miedos son los que con mayor frecuencia aparecen y los que más preocupan al hombre. La ansiedad que estos temores provocan trae consigo un enorme número de desequilibrios y trastornos mentales que se ven actualmente; y muchos son los psiquiatras que encuentran una estrecha vinculación entre la religión y la salud mental.

Pero debemos de reconocer que no toda religión es un factor positivo de salud mental, pues las que basan su poder sobre el hombre en el temor y en el misterio, provocan enfermedad mental. Por su parte, la religión que se basa en el poder del amor, esclareciendo con la luz de la verdad las grandes cuestiones del corazón humano, lleva en ella misma el remedio eficaz para las grandes enfermedades mentales. Una religión de estas características, cambia la incertidumbre por seguridad, la soledad por sentido de comunión, el temor por Confianza en Dios, la ambición insaciable por sano contentamiento y el sentimiento de culpa por paz del perdón. Este tipo de religión es un verdadero remedio y un factor importante en la estabilidad mental.

EL TRIUNFO
ESTÁ AL ALCANCE
DE TU MANO

La ciencia moderna ha descubierto varias causas que ayudan a triunfar en la vida al ser humano. En algunas Universidades e Institutos de investigación se han hecho estudios sobre las causas del triunfo del hombre en la vida, y estos descubrimientos han sacado el tema de la especulación y la conjetura.

Pero, ¿cómo aumentar la probabilidad de éxito en la vida? La respuesta es sencilla: trabajando en la ocupación que más nos llene y donde logremos expresar nuestra personalidad, ejerciendo nuestras aptitudes.

Quizá se tengan que hacer todavía varios estudios para encontrar la verdadera vocación en cada ser humano, pero vale la pena, ya que puede eliminar la distancia que hay entre el fracaso y el éxito. En un estudio sobre personas exitosas y notables, se ha comprobado que el 94% de ellas trabajan en lo que más les satisface. Por otra parte, se puede asegurar que las personas que fracasan en su trabajo, es porque son unos inadaptados y porque no aman su trabajo.

Ahora, ¿es conveniente cambiar de empleo? En la Universidad de Columbia se llevó a cabo un estudio entre jóvenes prometedores de entre 20 y 31 años, con el fin de establecer qué era lo mejor, continuar en un trabajo por largo tiempo y abrirse camino hacia arriba, o cambiar de trabajo al presentarse uno mejor. La conclusión a la que se llegó, fue que no se puede fundamentar que el joven que trabaja mucho tiempo en una empresa, dejará atrás al que cambia de trabajo constantemente.

Otro estudio en una diferente Universidad, llegó a la conclusión de que los hombres que han llegado a los más altos puestos de una empresa, cambian de trabajo hasta encontrar uno que verdaderamente les brinde la máxima oportunidad de progresar.

Por último, cabría preguntar ¿cuál es la característica principal de las personas que triunfan? Para esta pregunta sólo hay una respuesta, la perseverancia. Muchos hombres destacados pueden tener inteligencia y aptitud mediana, pero lo que tienen en medida más que mediana es la voluntad de utilizar su tiempo para llevar a cabo un trabajo, para luchar ante las adversidades y para soportar con paciencia la pesada carga que surja en cualquier momento.

Si tenemos la cualidad de la persistencia, o logramos cultivarla, seguramente encontraremos la vocación para la que estamos mejor preparados, y logremos sobresalir en ella.

PREGUNTAS
Y RESPUESTAS
CON RESPECTO AL ÉXITO
EN LA VIDA

A continuación, intentaremos dar respuesta a cuestiones comunes que pasan por nuestra mente cuando intentamos lograr el éxito en nuestras vidas.

LA PEREZA, ¿CÓMO DESCUBRIRLA?: Quizá la mayor causa que impide al hombre destacar en cualquiera de los campos en que se desempeña es la pereza. Investigadores del Instituto Tecnológico de Illinois han encontrado un método eficaz para identificarla.

El estudio demuestra que cuando una persona, que posee un buen vocabulario, presenta una hoja de servicio pobre en realizaciones, denota pereza. El buen vocabulario de la persona indica que tiene aptitudes e inteligencia, pero su pobre desenvolvimiento en la hoja de servicio indican que la persona, aunque parezca apta para el trabajo, no lo llevará a cabo satisfactoriamente.

¿CONTAR CON UN PADRE EXITOSO EN LA VIDA, INFLUIRÁ PARA QUE NOSOTROS SEAMOS TAMBIÉN DISTINGUIDOS?: La respuesta es, sí. Muy contrario a lo que se dice, son muy pocos los hombres que han destacado en la vida que tienen antecedentes humildes. Un estudio realizado por un Instituto de renombre, revela que los hombres exitosos contaron con un hogar de un nivel más alto de lo común, y que sus progenitores se habían distinguido en alguna profesión o empleo.

¿VAN DE LA MANO LA FELICIDAD Y EL BUEN ÉXITO MATERIAL?: Esto es verdad hasta cierto punto, pues no siempre las personas que tienen ingresos muy bajos o altos suelen ser menos felices. Un ingreso que sea suficiente para asegurar la tranquilidad material es lo más conducente a la felicidad. Si con este ingreso la persona logra sobrevivir digna y cómodamente, teniendo una reserva por cualquier contratiempo que se presentara, puede llegarse a la felicidad sin necesidad de ser adinerado en exceso. Muchas personas llegan a ser más felices cuando van subiendo la escala del buen éxito durante su vida, que cuando han llegado a la cima.

¿UNA PERSONA QUE SE QUEJA DE SU TRABAJO TENDRÁ MENOR PROBABILIDAD DE ASCENSO?: Generalmente, esta actitud era considerada como poco ventajosa, pero puede ser lo contrario. Una investigación mostró que las personas que se quejan de su trabajo, jefe o empresa, tienen mayores probabilidades de éxito que los que nunca dicen nada, de los que nunca se quejan o de los que se guardan sus reclamos. Muchas de las personas que se quejan, lo hacen por su afán de perfección o porque se dan cuenta de que las cosas se podrían hacer mejor si se actuara de otra manera, pero no tienen la suficiente autoridad para llevar a cabo sus ideas.

¿ES CIERTO QUE EL FUTURO DEL BUEN ÉXITO SUELE SER UNA POSTRACIÓN MENTAL Y EMOCIONAL?: Es posible que el hombre que se abre paso hacia la cima en su profesión, de pronto se encuentre ante una encrucijada de tensiones y problemas que lo lleven a la neurosis o a un colapso emocional, pero generalmente, estos desórdenes nerviosos son el resultado del fracaso. Un estudio realizado a 12,000 personas, aproximadamente, dictan que el porcentaje de personas con postración mental fue menor entre los que habían logrado preeminencia e ingresos más altos. Otros investigadores mencionan que el triunfo del esfuerzo y el logro de altos puestos, suelen producir beneficios a la salud mental, mientras que el fracaso y decepciones en el trabajo, aumentan los problemas mentales.

¿EL ÉXITO PROLONGA LA VIDA?: No obstante los casos de las personas exitosas que trabajan en demasía por lograr sus metas, muriendo demasiado jóvenes, hay pruebas de que el éxito en la profesión contribuye, en muchos casos, a prolongar la vida. Los psicólogos mencionan que la tranquilidad en el ánimo de las personas es un importante factor en el bienestar, y que el grado de éxito que se logre durante la vida, influye enormemente en el estado de ánimo de la persona.

Muchos estudios médicos indican que, en igualdad de circunstancias, si un hombre siente inmensas ganas de vivir, probablemente vivirá más.

¿EL BUEN ÉXITO SUELE CAMBIAR AL HOMBRE EN MATERIALISTA?: Cuatro amplias investigaciones han lanzado el siguiente resultado, los hombres que asisten a servicios religiosos en mayor porcentaje, son los que se han distinguido más en la vida; y los que menos van, son los que poco se distinguen en la vida. Los que han dejado huella en su paso por el mundo, comprenden mejor el dicho "No sólo de pan vive el hombre".

UNA VIDA
SANA Y FELIZ

A lo largo de la historia del hombre, los desacatos a las leyes de la naturaleza han traído enfermedades y dolencias que en la actualidad agobian a la raza humana. Todos estamos expuestos, en menor o mayor escala, al sufrimiento o padecimiento de enfermedades, y por esto, necesitamos remedios.

Hay medicamentos que nos pueden curar de algunas dolencias, y los podemos encontrar en farmacias a precios proporcionales a la complejidad de su elaboración. Entre ellos encontramos a las hormonas, las vitaminas, los calmantes, los estimulantes, los antibióticos, etc.

Pero más allá de estos "remedios de emergencia", tenemos los verdaderos remedios que están a nuestra disposición sin costo alguno, y de cuyo uso constante e inteligente dependen básicamente la conservación y recuperación de nuestra salud. Estos verdaderos remedios son el aire puro, el sol, la abstinencia, el descanso, el ejercicio, un régimen alimenticio adecuado, el uso del agua y la confianza en el Poder Divino.

A continuación, analizaremos cada uno de estos remedios:

Aire puro: Proveer aire puro a los pulmones es esencial para la correcta oxigenación de la sangre. Los glóbulos rojos son los encargados de llevar el oxígeno de los pulmones a las células de todos los tejidos, dependiendo su vida de esta oxigenación. Cualquier tipo de perturbación en los mecanismos encargados de la oxigenación de nuestro cuerpo, atenta seriamente en contra de nuestra salud. Por esto, se recomienda evitar respirar aire viciado de lugares mal ventilados, donde la aglomeración de personas provoca que el oxígeno se consuma, llenando el ambiente con anhídrico carbónico, vapor de agua y otras sustancias que transforman el ambiente en insalubre.

De igual manera, es peligroso respirar el aire contaminado con el humo del tabaco, motores, emanaciones de gas, cloacas o chimeneas industriales. Debemos de eliminar la ropa que presione nuestro tórax, o impida su expansión a la hora de respirar.

Hacer ejercicios respiratorios en las mañanas al levantarnos, o minutos antes de acostarnos en la noche, ayudarán en mucho a nuestra vitalidad. Podemos hacerlos al aire libre o frente a una ventana abierta. Lo primero que debemos de hacer, es respirar profundamente por la nariz con la cabeza erguida y las manos apoyadas al lado del tórax. Repetimos varias veces la respiración, lentamente, e intentando llenar y vaciar los pulmones totalmente.

Una clave para facilitar la respiración adecuada en el individuo, es mantenerse siempre erguido al caminar o al estar sentados. Debemos poner especial atención en la ventilación de las habitaciones donde estemos —ya sea la oficina o la casa—; si se trata de nuestra recámara, debemos intentar siempre dejar la ventana abierta (hasta donde el clima nos lo permita) para dejar el libre paso de aire fresco.

Por último, debemos decir que la vida al aire libre es, indudablemente, el mejor método para aprovechar los beneficios del aire puro con respecto a la salud. Debemos dejar, dentro de lo que nos es posible, que los niños permanezcan al aire libre jugando y haciendo ejercicios, pues esto les ayudará a limpiar sus pulmones y llenarlos de aire limpio.

Sol: La vida en la Tierra se mantiene gracias a los rayos solares. Por un lado, los rayos caloríficos mantienen la atmósfera tibia, produciendo una temperatura necesaria para cualquier ser vivo; por otro lado, los rayos actínicos llevan a cabo la fotosíntesis en las plantas, las cuales constituyen la base alimenticia del hombre.

Los rayos ultravioletas, al llegar a la piel del hombre, modifican la estructura molecular de algunas sustancias procedentes de la alimentación (provitaminas), convirtiéndolas en vitamina D, factor vital para la absorción intestinal y la fijación ósea del calcio. Es por esto que se recomienda, en los niños recién nacidos, que estén en constante contacto con el sol, a fin de favorecer el desarrollo de sus huesos.

Asimismo, los rayos solares ayudan a destruir muchos gérmenes patógenos, por eso la conveniencia de que entren a las habitaciones y eviten enfermedades infecciosas. Las personas que llevan una vida sedentaria, o que trabajan en lugares donde no da el sol, deberían de aprovechar cualquier oportunidad para tomar el sol, pues al actuar sobre sus cuerpos, producirán efectos tónicos y estimulantes, y mejorarán las defensas de su organismo. La helioterapia (tratamiento mediante el sol) más completa, son los baños de sol practicados racionalmente.

No hay una hora propicia para tomar el sol, ya que siempre va a depender del clima, la estación y el lugar en donde se encuentre. Pero independientemente de esto, podemos acondicionar un lugar, a manera de que sea reservado y se pueda exponer todo el cuerpo al sol, siempre protegiendo la cabeza a la sombra. La exposición al sol debe de ser progresiva, pudiendo hacerlo en forma sucesiva y por tiempos cada vez mayores. También se puede tomar el sol de frente y luego dejar que la espalda reciba los rayos solares. Por lo general, se recomiendan dos minutos y medio por delante, y luego dos y medio por detrás diariamente, hasta completar una hora de cada lado como máximo. Para los niños menores de un año, recomendamos medio minuto por delante y medio por detrás y por día, hasta llegar a treinta minutos. Este tipo de helioterapia previene el raquitismo y estimula la salud en general del bebé.

Abstinencia: El desorden en los apetitos naturales (excesos) o de los apetitos artificiales (vicios), es la mayor causa de enfermedades físicas y degradación moral. El consumo habitual de tabaco, alcohol o diversos alcaloides (morfina, cocaína, marihuana, cafeína, etc.), traerá consigo prejuicios indecibles al hombre. Tales vicios chocan con la buena salud, de ahí que la abstinencia de esta práctica malsana y de cualquier hábito tóxico, es un factor importante y vital en la conservación de la buena salud.

Descanso: Reponer las energías físicas y psíquicas perdidas durante un día de trabajo, sólo se puede hacer mediante el reposo del sueño. No hay medicamento o droga que pueda suplir esta desconexión de la conciencia con el mundo exterior, durante el cual, las células nerviosas recuperan su capacidad funcional, devolviendo el vigor físico y psíquico al individuo.

Al igual que el reposo nocturno, el descanso semanal es también muy importante para el ser humano. Mantener las facultades físicas y espirituales en un alto nivel de productividad y percepción, necesita de un paréntesis semanal, un día en que se olvide por completo de los deberes y preocupaciones cotidianas, encauzando los pensamientos y actividades con un sentido espiritual hacia la contemplación de la naturaleza, la práctica altruista, la meditación y la adoración.

Antes de que las leyes laborales tuvieran contemplado este descanso semanal, el Decálogo bíblico ordenó: "Acuérdate de santificar el día Sábado, y Cristo enseñó: «El Sábado se hizo para el bien del hombre»".

Otro descanso muy importante para las personas que llevan una vida llena de actividades, son las vacaciones anuales. Aprovechar de manera inteligente este receso de actividades es vital para cualquier hombre. El buen uso de este descanso nos dejará en óptimas condiciones físicas y psíquicas para emprender con renovados bríos y eficacia nuestras responsabilidades. Es muy recomendable visitar durante este periodo lugares tranquilos y sin mucha gente, como playas, montañas o el campo, pues el contacto directo con la naturaleza, así como el contacto directo con el aire puro, el sol, el agua, así como una alimentación sana y un sueño reparador, nos hará descansar mucho más que el visitar una ciudad o un centro turístico muy poblado.

Como ejemplo a la importancia del descanso, podemos comparar nuestro cuerpo con una institución bancaria, en la cual depositamos y retiramos varias cantidades de dinero. Los depósitos podrían representar las horas de sueño o descanso, y el sacar dinero sería la actividad que realizamos en horas de vigilia. Para mantener nuestra cuenta en el banco abierta, debemos poner mucha atención en no sacar más dinero del que tenemos en el banco; así, no podemos exagerar o abusar de nuestras actividades físicas si no tenemos tiempo de descansar o de reponernos. Los que giren "cheques sin fondo" se verán obligados a cerrar su cuenta por tiempo indefinido; de igual manera, el que abuse de su cuerpo sin darle descanso, caerá enfermo por días, semanas o quizá hasta meses. Por esto, el descanso bien planeado, es un verdadero remedio para prevenir y curar cualquier trastorno en la buena salud.

Ejercicio: La actividad muscular siempre ha desempeñado un importante papel en la vida del hombre. En la actualidad, se ha visto reducida a un mínimo, cosa muy peligrosa para la buena salud. Inclusive, varios médicos afirman que casi el 50% de las muertes presentan insuficiencia muscular.

El ejercicio muscular es uno de los estímulos fisiológicos de las funciones respiratorias y circulatorias. La circulación de retorno, principalmente a los miembros inferiores, se lleva a cabo en base a la dinámica muscular que "exprime" las venas, y las válvulas de éstas, dan sentido hacia el corazón a las corrientes sanguíneas. Cuando hacemos ejercicio, el corazón aumenta el flujo de corriente sanguínea, y las arterias y los capilares se ensanchan, facilitando el paso de ésta, incrementando también, el paso al aumentado flujo sanguíneo. Este proceso ayuda a prevenir la arteriosclerosis.

Además de esto, el ejercicio muscular ayuda a sacar las tensiones nerviosas del cuerpo. El trabajador mental que hace ejercicio, puede obtener mayor rendimiento de sus facultades.

Naturalmente, dependiendo de la edad y las condiciones físicas de cada uno, se debe de realizar ejercicio. Así pues, los niños pueden correr por largos periodos de tiempo al jugar, al igual que el anciano camina apoyándose en su bastón alrededor de un parque, pero todos necesitamos de la actividad física. Las personas que tienen una vida intelectual o sedentaria, deberían de preocuparse por hacer algún tipo de ejercicio.

Hay varias formas de llevar a cabo esto, pero siempre bajo la supervisión de un kinesiólogo o con la ayuda de libros que hablen del tema. La gimnasia tiene la ventaja de poner en acción, en forma gradual y ordenada, todos los músculos de nuestro cuerpo, y con sólo unos minutos diarios, pueden completarse ejercicios para mantenerse en forma. Cualquier tipo de ejercicio que llevemos a cabo, debe de incluir forzosamente la gimnasia abdominal, de la columna y respiratoria.

Para iniciar el día, lo más recomendable es trotar suavemente de 3 a 10 minutos —según las posibilidades—, pues esto pondrá en movimiento a la mayoría de nuestros músculos, acelerando la circulación sanguínea y profundizando la respiración. Esto se hará después de unos ejercicios de respiración profunda, los cuales eliminarán rápidamente la fatiga del organismo.

Una vez hecho esto, deben hacerse ejercicios para la columna vertebral, los cuales pondrán en acción ciertos músculos que nunca se usan en una vida sedentaria. Estos, nos darán mayor flexibilidad general en nuestros cuerpos. Un ejercicio muy recomendable, es ponernos de pie con las piernas separadas, elevar los brazos sobre nuestra cabeza y arquear el cuerpo hacia atrás y hacia adelante de manera alterna, tratando de tocar el piso cuando vayamos hacia adelante. Es muy importante no doblar las rodillas.

Otro ejercicio para la columna es, con las piernas separadas y los brazos extendidos hacia los lados, girar el tronco de izquierda a derecha. Por último, en la misma posición, se hace un giro y una flexión, tratando de tocar con la mano derecha la punta del pie izquierdo y viceversa, repitiendo alternativamente cada movimiento y sin doblar las rodillas.

Después de estos ejercicios, se inician los ejercicios abdominales. Para estos, nos recostamos en el piso con las manos extendidas sobre nuestra cabeza; una vez así, iniciamos un movimiento de flexión, tratando de tocar con nuestras manos extendidas los pies, y regresando a la posición inicial lentamente. Después de este ejercicio, intentaremos, en la misma posición, elevar nuestras piernas sin doblar las rodillas, bajándolas lentamente hasta que nuestros talones toquen el piso. Hay que repetir ambos ejercicios varias veces.

Al terminar con estos ejercicios, debemos de respirar profundamente varias veces hasta recuperar el aire. Después de estos ejercicios, un buen baño y un desayuno completo, estamos preparados físicamente para iniciar un día de trabajo.

Otro tipo de ejercicio puede ser la práctica de algún deporte, pero tratando de dejar fuera los que impliquen brutalidad o golpear algo o alguien, pues nos pueden causar serias lesiones. Cualquier tipo de caminata o carrera, así como la carpintería, horticultura o jardinería son un excelente ejercicio para hombres y mujeres.

Régimen alimenticio conveniente: El objetivo de la alimentación, es proporcionar al cuerpo las sustancias químicas necesarias para su buen funcionamiento, desarrollo y conservación. Sin embargo, muchos padecemos las graves consecuencias al sólo satisfacer nuestros gustos y apetitos, desconociendo por completo las necesidades reales de nuestro cuerpo.

Brevemente, consideremos algunos aspectos del régimen alimenticio que puede dividirse en los siguientes grupos: aguas, sales minerales, vitaminas, proteínas, azúcares o glúcidos y grasas o lípidos.

Todos los elementos de nutrición que necesita el cuerpo humano los podemos encontrar en frutas frescas, frutas secas, verduras, legumbres y cereales. La leche, por ejemplo, es un alimento insustituible para los niños pequeños. Por lo que toca a la carne, incluirla en una dieta es opción de cada persona, pero no es indispensable en ningún tipo de dieta. La cantidad y raciones de alimento diario dependen de la edad; por ejemplo, el recién nacido comerá seis veces al día; un niño de seis meses a tres años lo hará cuatro veces, y de ahí en adelante, con tres comidas diarias será suficiente para todos los demás.

El tiempo que debemos dejar entre una comida y otra, será el suficiente para que nuestro cuerpo lleve a cabo la digestión. El intervalo mínimo para un lactante es de tres horas; para el adulto, se necesitan cinco horas aproximadamente. Recordemos que el comer entre cada alimento es perjudicial para la salud, pues el comer un dulce, una galleta o una fruta fuera de hora, pondrá en marcha nuestro aparato digestivo, perturbando el reposo que este necesita entre una comida y otra.

Por lo que toca a los niños, si comen fuera de horas, perderán el apetito cuando en verdad sea la hora de comer; además, cuando comen fuera del horario, generalmente interrumpen sus juegos, y esto implica tener sus manos sucias, corriendo el riesgo de adquirir enfermedades, infecciones o parásitos por este mal hábito.

Otra cosa muy recomendable, es la ingestión moderada de líquidos durante la comida. Si tomamos agua en exceso durante los alimentos, corremos el riesgo de pasar la comida sin masticarla completamente, pasando el bocado humedecido con agua e insuficientemente insalivado, dificultando la digestión de los mismos. Además, tomar muchos líquidos en la comida diluye los jugos digestivos, debilitando su poder transformador sobre los alimentos.

Con un poco de fuerza de voluntad, lograremos eliminar este mal hábito y sólo comer a nuestras horas. Recordemos también que, la higiénica preparación de los alimentos es sumamente importante. Debemos lavar los alimentos que se comen crudos y hervir o cocinar perfectamente los demás.

La salud de nuestras familias se beneficiará con una alimentación sencilla y balanceada, tratando de eliminar los condimentos en exceso y las frituras o comida con grasa en demasía. Si presentamos a nuestra mesa un alimento con buen gusto, bien preparado y en un ambiente cordial, nos alimentaremos de una manera correcta.

Agua: Aproximadamente, el 75% del peso corporal está constituido por agua, y es ésta el vehículo de todos los intercambios químicos que tienen lugar en el organismo, así como el elemento imprescindible de las funciones circulatorias, digestivas, urinarias y de regulación en la temperatura.

El agua para beber (potable), debe ser fresca, transparente, inodora, de sabor agradable, sin sales tóxicas o gérmenes patógenos. Es conveniente tomar mucha agua fuera de las comidas, pues de lo contrario, los riñones se verán obligados a concentrar los desechos que excreta en un pequeño volumen de orina, produciendo la precipitación de cristales, los cuales forman cálculos renales capaces de ocasionar graves problemas.

Además, el agua es importante para la higiene del cuerpo humano. El baño o ducha, deberá ser con agua tibia y jabón, practicándose cuantas veces sea necesario y dependiendo del tipo de actividad que realicemos, pero nunca menos de dos o tres veces por semana.

El baño matinal es un buen hábito que estimula el sistema nervioso, tonificando el organismo. De igual manera, una ducha caliente por la noche, antes de acostarnos, nos ayudará a un descanso completo, además de combatir el insomnio.

La hidroterapia (tratamiento mediante el agua) correctamente aplicada, ayuda a combatir diversas enfermedades. Unas formas de hidroterapia son: Compresas frías y calientes, fomentos, abluciones, fricciones, pediluvios, baños de asiento, baños locales calientes o fríos.

Podemos concluir que, el agua es importante para nuestro organismo, tanto interior como exterior. Su uso adecuado, nos ayudará a combatir enfermedades que constantemente amenazan a nuestro organismo.

La Confianza en el Poder Divino: Cada hombre, en el fondo de su personalidad, guarda un deseo natural que ningún bien material, ninguna conquista intelectual o ningún contacto humano puede saciar. En ocasiones se puede confundir con una pasión dominante, sentimental, intelectual, artística o con el ansia natural de superación, pero el profundo deseo sigue insaciable a cualquiera de estas realizaciones, y sólo llega a satisfacerse con el contacto o comunión del hombre con lo Divino. Esta es la explicación del fenómeno histórico que todos los pueblos de la tierra, en todos los tiempos, han tenido en su vida religiosa. Muchos de los hombres que no creen en lo Divino, actualmente padecen una profunda insatisfacción.

JOVEN, CULTIVA
TUS INQUIETUDES

Actualmente, a los jóvenes les hace falta ánimo. La mayoría de ellos va por la vida siguiendo una dócil rutina tímidamente, como caballos que arrean un carruaje. Pero, ¿qué hay de malo en comportarse tan prudentemente? Nada, si esta conducta es el resultado de los años; pero para alguien que empieza a vivir, no es natural.

Un joven debe mostrarse entusiasta e insumiso (en el campo del pensamiento, por supuesto). No obstante, el joven de hoy es maleable como el barro. Muchos de nosotros estaríamos desplazados desde hace mucho tiempo, si los jóvenes mostraran espontaneidad o sus inquietas iniciativas, propias de su edad.

Podríamos preguntarnos, ¿por qué los jóvenes, que deberían de acometer con fuerza y entusiasmo, siguen el viejo y trillado camino, sin pensar más allá del piso? G. Chesterton, escritor inglés, menciona que tal falta de frescura y originalidad se debe a que hemos dejado atrofiarse el sentido de lo "maravilloso". Chesterton comenta que "nunca se verá el mundo carente de maravillas, sino de hombres capaces de maravillarse".

Y, ¿cómo desarrollar nuestro sentido de admiración? Fácil, abramos los ojos a las realidades de las cosas, poniendo atención al observarlas, aprendiendo a observarlas como si fuera la primera vez que las miráramos. Cualquier cosa puede ser atractiva para el que las ve si sabe hacerlo. Muchos de nosotros vemos las cosas a nuestro alrededor envueltas en una maraña de preconcepciones, y nunca las vemos como son en verdad. Hay cosas que nos son tan comunes, que llegan a ser invisibles a nuestros ojos.

Un ejemplo de esto, es el caso de un arquitecto que todos los días se molestaba al ver lo poco artístico de una casa que veía al ir a trabajar. Un día decidió comprarla y arreglarla, pero cuando se mudó a ella, dejaron de molestarle los defectos, pues ya no la veía.

El instrumento más notable del mundo es una mente investigadora, pues "Los amados de los Dioses se hallan poseídos en la curiosidad de conocer". A continuación presentaremos 11 mandamientos que, seguramente, irán en contra de lo que a la juventud se le ha enseñado.

1.- **Olvídate del dinero**: No es conveniente pedir un aumento de sueldo en tu trabajo, por lo menos durante el primer año. Debes, en primera instancia, aficionarte a tu trabajo de manera profunda, hasta el punto de decirte "qué afortunado soy, tener este bello trabajo y además me pagan. Cómo lo disfruto". Recuerda que el camino más corto para hacer dinero, es lograr conseguir un empleo de tu agrado y en el que puedas desarrollar todas tus facultades. Uno que sea de tu completo agrado y que, inclusive, estarías dispuesto a llevar a cabo sin paga alguna. Este trabajo, además del dinero, jamás te cansará. Ten en mente que el cansancio nace del aburrimiento y no de la actividad intelectual, pues la mente es incansable.

2.- **No dejes que la educación se te suba a la cabeza**: Piensa que si nadie fallara en la Universidad, ¿quién iba a contratar a los graduados?. Cada quien es el doctor de lo que sabe, y es lo que sabes hacer lo que vale, no el título universitario.

3.- **No dejes que te embriague la alabanza**: Los elogios pueden trastornar el juicio de las personas. Cuando son felicitadas por algún acierto, hacen tantas reverencias que más bien parecen gallinas alimentándose del piso.

4.- **Al hacer el bien, no olvides de hacértelo a ti también**: Seguramente has escuchado la anécdota del niño explorador a quién le ordenaban hacer el bien diariamente y que preguntó: "¿cuenta el bien que me haga yo mismo?". También hay un refrán que dice "quien no se alaba, de ruin se muere". No obstante, debemos de alejarnos de la presunción y la jactancia. Recuerda que el rosal no hace ruido cuando florece, ni tampoco la hierba cuando crece.

5.- No cierres los ojos ante los hechos: Hay que tener respeto por los hechos, pues nada es tan inexorable como ellos mismos. La hipótesis más hermosa se desvanece ante la cruel realidad de un solo hecho que la contradiga. Gran parte de la ignorancia y de la intolerancia, viene de afirmar rotundamente o negar terminantemente algunos hechos. En ocasiones, los hombres parecen militar sólo en dos bandos opuestos, los que dicen que todo está bien, y los que dicen que todo está mal.

6.- No pregones tus defectos: Esto es muy común entre los jóvenes y los ancianos. No es necesario comentar a todos que tu letra es muy fea, que tu memoria es débil o que tus manos son torpes, con el tiempo, la gente lo descubrirá sin tu ayuda.

7.- No contraríes al jefe en cosas sin importancia: Recuerda que una costumbre arraigada, es como una ceiba de cien años. No luches contra ella. Si tu jefe quiere el escritorio junto a la ventana, déjalo allí. No se trata de adularlo o ser servil; no aspires a ser un eco de tu jefe, simplemente sé tú mismo. No hay nada tan excelente, como las peculiaridades que hacen de ti una persona especial; cultiva esos preciosos atributos de disparidad.

8.- **Recuerda que la ocasión favorece al que está preparado**: Una vez contraté a una joven escritora sólo porque podía escribir 90 palabras por minuto en la máquina. Estaba tan aburrido de los universitarios que decidí contratar a la primera persona apta que se presentara. Esta jovencita de 18 años, apenas había terminado la enseñanza media superior. La contraté de inmediato ya que fue un gran hallazgo. Pero sólo porque estaba preparada pudo aprovechar esta oportunidad.

Tu gran oportunidad puede llegar en cualquier momento, y por esto, debes estar preparado para cualquier oferta favorable de trabajo o cualquiera otra.

9.- **No te defiendas**: Cuando una persona te censure o critique, lo más adecuado es seguir el ejemplo de Bernard Shaw, quien al decirle un crítico "Su más reciente obra es un adefesio", sonrió amablemente y contestó "Estoy de acuerdo con usted, pero ¿qué valen nuestras dos opiniones contra la opinión de tantos?".

10.- **No estés pendiente del reloj**: Un médico especialista sólo atiende a sus pacientes en horas de consulta. Pero como tú no eres un especialista todavía, debes de actuar como el médico general, quien en ocasiones pasa toda la noche junto a la cama del paciente.

11.- **No te sientas más, por lujosa que sea tu oficina**: Ten en cuenta lo que dijo Billy Rose "Una muchacha rica, no es sino una muchacha pobre con dinero".

CÓMO SUPERAR
LA TIMIDEZ

La timidez es una manifestación humana natural y necesaria. El miedo es bueno para el instinto de conservación. Una persona valiente y audaz no deja de tener estos sentimientos, lo que hace es sobreponerse a ellos para lograr sus objetivos. Suprimir los temores mediante drogas psicoquímicas, atraería la destrucción en los humanos y no se evitarían los peligros. Podemos afirmar que la mayoría de nuestros temores son imaginarios; este miedo —normal en casi todos los casos— provoca el instinto de conservación. Para lograr superar nuestros temores, debemos primero educar nuestra imaginación.

La persona tímida es un ser emotivo, muy sensible, pero no débil. Grandes artistas han sido tímidos, pero a base de dominar su emotividad, lograron desarrollar el carácter y personalidad que les ayudó a triunfar en la vida.

Generalmente la timidez aparece en la infancia y desaparece al llegar a la madurez. No obstante, hay personas que la tienen toda su vida. El infante tímido es silencioso, ensimismado en su mundo interior y reaccionando con lágrimas a las burlas de los demás. Si pensáramos en castigarlo por su proceder, caeríamos en un grave error, pues lo que necesita es comprensión y afecto. Debemos de orientarlo a manera de que comprenda, sin odio o resentimiento, el proceder de los demás para que pueda salir adelante.

Hay personas que esconden su timidez detrás de un mal carácter o de rudeza. Pero cualquier hombre destacado en la vida pública o privada, reconoce sus vacilaciones y temores sobre la impresión que pueden causar, venciendo sus dudas con voluntad y el dominio de sí mismo.

A continuación, presentamos ocho reglas muy eficaces para lograr vencer la timidez:

1.- **Hay que ser optimistas**: Hay que tener confianza en todo lo que emprendamos, ya sea un romance, una conversación, etc., a fin de actuar calmados al iniciar esta nueva "aventura"; hay que mostrarnos serenos, dueños de nosotros mismos y actuando con aplomo.

2.- **No te subestimes**: Nunca pensemos que somos menos o más que los demás. En verdad, las diferencias que encontramos con las demás personas son muy pocas. No dejemos que vean nuestro temor, pues hay que tener en cuenta que los demás también tienen sus vacilaciones y temores.

3.- **Tratar a los demás de la manera en que nos gusta que nos traten**: Si así lo hacemos, generalmente seremos correspondidos. De no ser así, es preferible ser la víctima de una ofensa y no el que la comete. Si recibimos críticas, hay que sacar el mayor provecho de ellas.

4.- **Hay que expresar de manera correcta nuestras ideas**: Si tenemos que expresarnos, hagámoslo con calma, firmeza, sin titubear y con claridad; hablando con voz pausada, que se entienda y se escuche con claridad lo que queremos decir. Intentemos mejorar el timbre de nuestra voz mediante la lectura en voz alta.

5.- **Cuida tu salud**: Hacer deportes y tener cuidado con nuestra higiene personal (cuerpo, cabello y dientes), además de los buenos hábitos y una buena alimentación nos dará vigor, salud y una excelente apariencia.

6.- **Aumenta tu cultura**: Leer, estudiar, informarnos, visitar museos y salas de arte, aumentará nuestros conocimientos, ampliando substancialmente nuestra cultura. Mucha gente es tímida por su escaso conocimiento o poca cultura. Siempre será bueno hablar en una reunión o con personas de algo interesante y culto.

7.- **Cultiva tu atractivo personal**: Para lograr ser atractivo es necesario un carácter firme y una personalidad atrayente. Esto lo podemos lograr al vestirnos elegantemente, fortaleciendo nuestros puntos positivos y nuestra personalidad. Claro está que nunca debemos de caer en exageraciones, pues provocaríamos exactamente lo contrario a lo que en verdad deseamos.

8.- **Tienes que ser audaz**: Hay que atreverse a hacer las cosas. Si logramos hacer las cosas que deseamos, será mucho más fácil vencer la timidez. Establece un contacto personal, lleva la iniciativa en una reunión, trata de serle útil a los demás, piensa de manera positiva y, seguramente, triunfarás en todo lo que te propongas.

Hay que tener siempre en mente que "con nuestra fe podemos vencer las montañas del miedo, los temores, las dudas, las preocupaciones y el pesimismo".

HAY QUE TENER DOMINIO SOBRE NUESTRAS PREOCUPACIONES

Existe un enemigo oculto que causa acoso, desastres y padecimientos a miles de personas. Ese enemigo es la preocupación. Médicamente, las preocupaciones pueden causar dolencias orgánicas serias, además de desgastar nuestras energías, minando nuestra salud y haciéndonos la vida imposible, intolerable y acortándola.

No obstante, el único remedio contra estas preocupaciones lo tenemos al alcance de nuestras manos. Las preocupaciones se alimentan de nuestro pensamiento, proviniendo —en su mayoría— de ciertos extravíos de nuestra imaginación. Si dominamos nuestras ideas, pondremos las preocupaciones en el lugar indicado, y nuestro mundo se alegrará, dejando de ser un lugar melancólico.

El primer paso que debemos de dar para este dominio, es olvidarnos de la vieja idea de que las preocupaciones son exclusivas de gente débil o fracasada. Al contrario, pueden ser indicio de virtual fortaleza; pueden ser una señal de que la persona que las experimenta tomó en serio la vida, y desea vivirla de manera útil y honrosa. Hombres sobresalientes, cuyos nombres pertenecen ya a la inmortalidad, fueron propensos a estas preocupaciones. Seguramente hubo muchos momentos de tensión mental que ellos lograron superar.

En cualquier preocupación hay una manifestación de intensidad nerviosa y, consecuentemente, una potencial fuente de beneficios. Esta fuerza nunca nos será dañina, a menos que hagamos mal uso en la consideración de problemas imaginarios. Debemos aceptar las preocupaciones como parte indivisible de la vida, acostumbrarnos a dominarlas y enfocar nuestra energía hacia fines provechosos.

Esto será mucho más sencillo si contamos con una lista de preocupaciones. Al escribirlas, nos daremos cuenta de lo vago e indefinido de estas. Un estudio arrojó los siguientes resultados: 40% en cosas que jamás pasarán; 30% en cosas que ya pasaron y que no tienen remedio alguno; 12% en temores infundados sobre la salud; y 8% en motivos diversos e insignificantes. Si examinamos nuestro listado de preocupaciones sin apasionamiento, observaremos cómo alguna de ellas carece de cualquier valor.

Un ejemplo de esto lo viví en el aeropuerto cuando fui a recibir a una amistad. Junto a mí se encontraba un joven que esperaba a su novia. El altavoz del aeropuerto nos informó de un retraso de 30 minutos debido al mal tiempo, pero pasaron 45 minutos, una hora y el avión no lograba aterrizar. Al ver el rostro preocupado del joven, supuse que imaginaba una tragedia. Me acerque a él y entablé una charla amistosa, preguntándole cómo era su novia, en qué lugar la había conocido, etc. El muchacho empezó a contarme con lujo de detalle sobre la relación con su amada, y al cabo de varios minutos, desechó de su mente los pensamientos pesimistas que le atormentaban; de hecho, la llegada del avión fue una sorpresa para él.

Uno de los principales motivos de las preocupaciones es el que se refiere al dinero. Para no caer en él, hay que tener buen juicio a la hora de gastar el dinero. Thoreau descubrió que reduciendo a lo mínimo posible sus necesidades, lograba gozar más de la vida, dejando de preocuparse por conseguir dinero para comprar cosas superfluas. De igual manera pensaba Sócrates 2000 años antes. El intentar obtener por cualquier medio lujos o cosas materiales, acabarán por convertirse en preocupaciones. Lo mejor que debemos de hacer es conformarnos con lo que tenemos, cuidarlo y trabajar ardua y honestamente por lograr una estabilidad emocional y, como consecuencia, esto traerá tranquilidad y una mejor posibilidad de lograr lo que deseamos.

Una clara muestra de esto me lo dio un pescador anciano que tuve la fortuna de conocer hace varios años. El no contaba más que con una pequeña choza a la orilla del río, un bote viejo y una caña de pescar. Su rostro mostraba serenidad y tranquilidad. No deseaba lujos o cosas materiales; se conformaba con ser libre, independiente y llevar una vida tranquila, y todo esto lo reflejaba su arrugado rostro.

Otra causa de preocupaciones es la autocompasión. Cierta ocasión, un médico en Londres recibió la visita de una joven mujer recién casada, la cuál presentaba una parálisis. Al examinarla, la envió a un buen hospital para que la trataran, y poco a poco fuera recuperando el movimiento. Semanas después, recibió la visita del marido quien le dijo que no podía dormir. Después de revisarlo y ver que no padecía ninguna dolencia física, lo mando a su casa diciéndole que hiciera su vida normal. El marido molesto le dijo: "¡Mi mujer está pasando por un enorme problema y usted quiere que viva como si nada pasara! Es usted un desconsiderado".

Aquí podemos ver como la verdadera causa de la preocupación era la compasión que sentía por sí mismo, aunque la disfrazara de ansiedad por la enfermedad de su mujer. Para solucionar este problema, debemos cambiar radicalmente. Ya no pensar en nosotros como el centro de la existencia; pensemos en los demás y nos ubicaremos en nuestro real punto dentro de la familia, la sociedad y la Nación.

Son varios los caminos que nos llevan al punto desde el cual observamos nuestros problemas y sinsabores en justa perspectiva. Dos claros ejemplos de esto son André Gide y Tolstoi. El primero se dio cuenta de que cuando se sentaba al piano, sus preocupaciones quedaban tan chicas ante la majestuosidad de las notas musicales; y el segundo, se avergonzaba al haberle dado tanta importancia a sus obsesiones cuando se sentaba frente a una puesta de sol en la estepa, y se daba cuenta de que en el mundo había tanta belleza que necesitaba ser observada. Otro claro ejemplo lo fue Lawrence de Arabia, quien al no poder salir adelante en la Conferencia de Paz, se sentía tan abatido y miserable que casi cae al vacío. Pero sacó fruto a esas energías y escribió los "Siete Pilares de la Sabiduría", obra maestra que cambió el curso de la historia.

"No es el trabajo lo que cansa a un hombre; son las preocupaciones" decía el orador norteamericano

Henry Ward Beecher. "El trabajo es saludable; las preocupaciones son el óxido que corroe al acero". Si ocupamos provechosamente el tiempo con cosas o trabajos agradables, impediremos que las preocupaciones se incrusten en nuestras vidas.

Cuando una calamidad llegaba, una abuela escocesa decía con una sonrisa: "El mal no tiene cura, súfrelo mientras dura. ¡Vaya por Dios!". "Las preocupaciones son el último análisis, una manifestación del ateísmo, una forma de negar que el hombre cuenta con Dios. Es lo mismo que decir NUNCA PODRÉ VENCER ESTE PROBLEMA, PUES NO HAY UN DIOS QUE ME AYUDE".

EL FUNDAMENTO
DE UN HOGAR FELIZ

Formar una familia ideal comienza cuando un buen joven y viril se une a una señorita muy femenina. Ambos deben de contar con una excelente reputación, con madurez emocional y no deben tener diferencias muy marcadas en lo que se refiere a la raza, cultura, edad o posición social. Y lo más importante entre ellos, es que deben de profesarse un enorme y verdadero amor.

Pero no sólo estas características son suficientes para lograr estabilidad en el matrimonio, aunque si se edifica en estas bases, la solidez de su estructura ayudará en mucho. Aquí cabe mencionar las bellas palabras del sermón de la Montaña, donde se nos dice que la gente de buen juicio edifica su casa sobre una roca, y los insensatos lo hacen sobre la arena. Así pues, cualquier hogar debe estar bien cimentado, pues enfrentará lluvias, ríos y vientos.

Pero, ¿cuál es esa roca sobre la que se debe edificar la felicidad de la familia? No nos referimos a la riqueza económica, pues ésta sólo llega a unos pocos y está sujeta a cualquier clase de reveses; tampoco se basa en la salud, pues pueden llegar enfermedades por microbios invisibles o accidentes inesperados; menos lo es la "suerte", la cual sólo existe en la lengua de los imprevisores; y tampoco hablamos de las pasiones sensuales o los falsos intereses. Todas estas teorías son como arena movediza.

El asiento de un hogar feliz es mucho más duradero que lo físico o lo material. Es de naturaleza muy superior y lo que falta en los hogares que se rompen. Dice Job que el impío "...se apoyará en su casa, mas no permanecerá ella de pie. Se asirá de ella, mas no resistirá". Y así son las casas de las familias donde no hay piedad. Los que las hicieron las construyeron con "hojas, madero y heno", materiales que el "fuego probará". Estos hogares "desecharon la piedra del ángulo; y la piedra era Cristo". Este es el único fundamento seguro del carácter y de la familia, al igual que la Iglesia.

Muchas personas dicen que el rompimiento entre las jóvenes parejas se debe, primordialmente, a la falta de la fe religiosa, elemento que podría darles consistencia. Cuando muere la fe, con ella mueren también los ideales, pues ya no existe una base firme en el hombre. Sin embargo, mientras se cumplan los mandatos de Dios y el hombre tenga fe en sí mismo, la familia y el hogar se salvarán. Es un hecho que muchos matrimonios no caerían en el divorcio si llevaran a cabo los diez mandamientos, los cuales contienen todas las virtudes. En la antigüedad, Dios anunció que de la familia de un gran hombre surgiría una "nación grande y fuerte", siendo Abraham el honrado, pues sabía inculcar en su familia y su casa el "vivir piadosamente, tener buen juicio y hacer justicia". Esto no es nada fácil, pues es más sencillo edificar el hogar en la arena acumulada por corrientes de "aflojamiento moral", y no sobre la peña elevada y firme de la fe.

Esto implica hacer una elección entre el secularismo, que es popular; la religión, que no es tan común entre los hombres pero es tentadora; las normas cristianas, que son restrictivas en la metódica disciplina; y el gobierno, generalmente indolente.

Como Josué lo menciona: "Elijan a quién servir y compórtense como mejor les parezca. Pero yo y mi familia serviremos a Jehová, y regiremos nuestra conducta por las normas Divinas. Vale decir que en mi familia, nadie se dejará llevar por la corriente".

Y no es falta de modestia la anteposición del pronombre personal en el pasaje citado, sino responsabilidad, pues pone el ejemplo esperando que lo sigan los demás.

El objetivo de la familia no es sólo la conservación de la especie y la educación de las nuevas generaciones, se debe también de instruir a los nuevos individuos con respecto a Dios y al eterno destino del hombre. Además, los padres deben de enseñar a sus hijos que para preservar la vida en este mundo, deben de prolongar la eternidad.

La creciente delincuencia entre los jóvenes, es debida a la falta de claridad y limpieza espirituales que hay en varios hogares. En los hogares donde todavía no ha llegado este tipo de tragedias, la luz del evangelio y la limpieza de las normas cristianas ayudarán a que los muchachos no salgan del buen camino, al igual que los demás miembros de la familia. Cuando observemos que un miembro de nuestra familia empieza a equivocar el camino, debemos encender la lámpara y barrer la casa; y si nuestra casa no está construida en la base de Cristo, la roca inconmovible y eterna, todavía tenemos tiempo de hacerlo.

MEDIDAS PRÁCTICAS CONTRA LA TENSIÓN NERVIOSA

Todos los hombres experimentamos las tensiones nerviosas y la angustia, pues son funciones esenciales de la vida, como el hambre y la sed. Las podemos considerar como reacciones de protección cuando se ven amenazadas nuestra seguridad, bienestar, felicidad o amor propio. Así pues, y aunque pudiera parecer mala la aparición de esto, es algo muy normal en cualquier hombre. No obstante, hay que estar alertas cuando se presentan de manera frecuente, son intensas y tardan en desaparecer.

Para darse cuenta de esto último, sería conveniente que te hicieras las siguientes preguntas. Tal vez te puedan dar la clave en tu muy particular caso:

Los problemas mayores y las pequeñas decepciones ¿te sumen en la desesperación?

¿Te cuesta trabajo llevarte bien con los demás, y a ellos les cuesta trabajo llevarse bien contigo?

¿No te satisfacen los pequeños placeres de la vida?

¿Encuentras imposible dejar de pensar en tus ansiedades?

¿Sientes miedo ante personas o situaciones que no te molestaban antes?

¿Sospechas de la gente o desconfías de tus amigos?

¿Te sientes inadaptado y te torturas al dudar de tu persona?

Si la respuesta es afirmativa en la mayoría de las cuestiones anteriores, no te preocupes, no es un desastre. Indica que tienes que hacerle frente a la situación, y a continuación, te mostraremos unas medidas fáciles, prácticas y eficaces que puedes llevar a cabo.

Desahógate: Si algo te preocupa, sácalo. Cuéntalo a un ser querido o cercano. Contar el problema a alguien alivia la tensión, y te ayuda a ver la dificultad con más claridad, encontrando una solución.

Escápate por un momento: Hay veces en las que es bueno escaparse de un problema por unos momentos. Ve al cine, lee un libro, practica un juego o haz un viaje para cambiar de panorama. Si te aguantas y sufres, te estarás castigando y no solucionarás la situación. Pero no olvides que tienes que regresar y hacerle frente cuando te encuentres más calmado y en mejores condiciones emocionales e intelectuales.

Disipa tu enojo con trabajo: Si la ira te está dominando, recuerda que ésta acaba por hacerte sentir tonto y apesadumbrado. Si tratas de enfrentar a alguien, trata de que sea en otra ocasión. Mientras esto sucede, empléate en algo que te distraiga, como puede ser la carpintería, pinta la sala de tu casa, lava tu automóvil, camina alrededor de un parque, etc. Si logras expulsar la ira de tu cuerpo mediante el trabajo, lograrás enfrentar en mejores condiciones tu problema.

Cede en algunas ocasiones: Si constantemente tienes diferencias con las personas y te sientes obstinado y desafiante, recuerda que ese es el comportamiento que tienen los niños malcriados. Manténte firme en lo que creas que es justo, pero hazlo de manera calmada y ten en consideración que puedes estar equivocado. Aún cuando estés completamente seguro de tu idea, recuerda que es bueno para el organismo ceder en ocasiones. Hacerlo, te implicará reciprocidad por parte de los demás. El resultado de esta práctica te traerá un alivio de las tensiones, soluciones prácticas y una sensación de satisfacción y madurez.

Haz algo por los que te rodean: No seas egoísta al preocuparte sólo por ti. Si piensas en los demás, te quitarás de encima preocupaciones, dándote la sensación de obrar correctamente.

Haz una cosa a la vez: Cuando una persona se encuentra tensa, una cantidad ordinaria de trabajo le puede parecer enorme. Cuando esto suceda, trata de hacer las cosas más urgentes, una por una, dejando el resto para cuando termines. Cuando soluciones los primeros, verás que los que siguen serán mucho más sencillos. Si todo lo que tienes que hacer es muy importante, ¿no crees que sobrestimas la importancia de lo que haces?

Domina los impulsos de superhombre: Muchas personas se angustian al pensar que no están logrando todo lo que piensan que pueden hacer, tratando de ser perfectos en todo lo que inician. Este ideal, no es más que una invitación a fracasar. Decide qué es lo que mejor haces, y aplica a ello todas tus energías. Seguramente lo que escojas, es lo que te va a dar mayores satisfacciones. Por lo que toca a lo demás, hazlas lo mejor que puedas, pero no te recrimines si no logras la perfección en ellas.

No critiques de más: Cuando una persona tiene todas sus esperanzas cifradas en alguien, suele sentirse abatida, desilusionada o frustrada si esta persona falla. Esta otra "persona" puede ser la pareja o el niño que tratamos de amoldar o convertirlo en algo de nuestro agrado. Hay que recordar que cada persona tiene el derecho de desarrollarse de manera individual. Si te sientes mal por los defectos (imaginarios o reales) de familiares, sólo te sientes mal por ti. En vez de criticar, busca las cosas buenas y ayuda a desarrollarlas. Esto servirá para satisfacerlos a ambos, ayudándote también a juzgarte más objetivamente.

Ten consideración con los demás: Las personas que sufren de tensiones, generalmente tratan de ser las primeras, incluso en las cosas más insignificantes. Transforman la vida en una carrera, y esto no debe de ser así. Al igual que la competencia, la cooperación también es contagiosa. Si no estorbas a los demás, las cosas serán más fáciles. Cuando los demás dejen de sentir que eres una amenaza, ellos dejarán de serlo para ti.

Sé accesible: Hay quienes se sienten excluidos, que la sociedad los desprecia o que es indiferente con ellos. La mayoría de las veces es sólo la imaginación. Cuando sientas esto, no te apartes, es mejor y más saludable que tomes la iniciativa. No esperes que los demás se acerquen a ti. Trata de encontrar el medio entre la reticencia y la insistencia excesiva.

Regulariza tus diversiones: Cuando una persona encuentra dificultades para tomar descansos, un horario de distracciones determinado le será extremadamente útil. A todos nos conviene tener un pasatiempo favorito que practiquemos en nuestras horas libres, algo que hacer con placer y que nos haga olvidar el trabajo y las tensiones.

Frecuentemente los problemas emocionales tienen su origen en problemas de orden práctico: problemas económicos, en el trabajo, con la familia o con la pareja. No obstante, con igual frecuencia los hábitos y actitudes persistentes de una persona, pueden llevarnos a conflictos. Estas fuerzas actúan recíprocamente fuera y dentro del individuo, produciendo un efecto acumulativo, el cual, agrava el efecto de los demás rápidamente. Si esto sucede, quizá necesitemos ayuda de un consultor experimentado. Debemos de entender que si un problema emocional se vuelve demasiado molesto, debemos de tratarlo con un doctor, al igual que cualquier otra enfermedad.

Es importante visitar al médico, ya que él nos dirá qué es lo mejor para nosotros. Buscar la tranquilidad espiritual o la buena salud mental es empeño universal. No obstante, son muy pocos los que gozan de todas sus cualidades internas y circunstancias externas que automáticamente les aseguren la felicidad. Hay que trabajar mucho para lograr llegar a ellas. Debemos de luchar por comprendernos mejor, buscando la ayuda de otros cuando la necesitamos. La filosofía de la fe es fundamental para la buena salud emocional. Hay que tener fe en la capacidad que todo hombre tiene para mejorar, desarrollarse y para solucionar cualquier problema en colaboración; fe en los valores morales, espirituales y en la intrínseca decencia del hombre. Esta fe nos ayudará a salir adelante de situaciones difíciles, sin que la tiranía nos destruya.

AMOR, CORRIENTE ELÉCTRICA DEL ALMA

La culminación máxima, pura y sin mancha de este instinto social es el impulso del amor. Arturo Spalding dice que si la amistad entre una mujer y un hombre es sólo magnetismo, el amor (que establece un afecto muy particular), es la corriente eléctrica del alma.

Es muy difícil lograr una definición del amor en cualquiera de sus manifestaciones, pero sí podemos decir que proviene de Dios mismo (el que no ama no ha conocido a Dios, pues Dios es amor puro). Es la poderosa fuerza que sostiene al mundo y la base de la sociedad en vínculo con el hogar.

El impulso del amor, el que forma amistades y un puro sentimiento entre hombre y mujer —y viceversa—, tiene un origen divino, y fue puesto en el organismo para ser uno de los mayores bienes de la sociedad. Smiles comenta que "gracias a esta noble pasión, el mundo no envejece". Es la eterna melodía de la humanidad que esparce su esplendor a los jóvenes, rodeando a las personas maduras con una aureola.

Al arrojar la luz al pasado, glorifica el presente, iluminando también el porvenir. Cuando el amor es producto de la estima y la admiración, eleva y purifica el carácter, librándonos de nuestra propia esclavitud. No tiene interés alguno, pues él mismo es la recompensa, inspirando dulzura, simpatía y confianza en los demás.

Este impulso de amor entre un hombre y una mujer, además de cultivar todas las facultades del alma, conjuga ese elemento psíquico o espiritual que es el básico, un poderoso impulso filosófico que constituye su noble, natural e irremediable complemento, y que tiene como fin perfeccionar la unión afectiva y preservar la especie.

No obstante, en su doble aspecto físico y psíquico, y siendo una de las más extraordinarias fuerzas de la naturaleza humana, es propenso a la perversión. Como mencionamos anteriormente, es una corriente eléctrica, y al igual que la corriente, cuando se conocen las leyes de ésta y se usa adecuadamente, resulta uno de los elementos más prodigiosos de progreso y comodidad, pero si se desconocen estas leyes, ya sea de manera voluntaria o involuntaria, puede producir tragedias y destrucción a los hombres. Asimismo, cuando el amor es pervertido o se usa sin conocer las leyes morales y psíquicas de su origen, puede producir dolor y desgracia. Por esto, debemos tener cuidado al manejar estas nobles emociones y este poderoso instinto, pues los errores cometidos pueden ser nefastos en nuestra vida.

A continuación, te presentamos "La Llave de Oro", una oración que debes de leer varias veces, y si haces exactamente lo que se te indica y eres persistente, saldrás airoso de cualquier problema que se te presente.

LA LLAVE DE ORO

LA ORACION científica te hará, tarde o temprano, apto para salir o para sacar a otros de cualquier problema que haya sobre la faz de la tierra. Es la Llave de Oro de la armonía y de la felicidad.

Para aquellos que no conocen el poder mayor que existe, les parecerá una aserción aventurada, pero sólo bastará que se haga una honesta prueba para demostrar sin duda alguna que esto es verdad. No necesitas creer en lo que se te diga al respecto, sólo pruébalo y verás.

Dios es omnipotente y el hombre ha sido su imagen y semejanza, y tiene dominio sobre todas las cosas. Esta enseñanza inspirada debe ser tomada literalmente por su valor actual.

Aquí el hombre quiere decir todos y cada uno de los hombres y, por lo tanto, la habilidad para usar este poder no es exclusiva del místico o del santo, como se supone comúnmente, ni tampoco del practicante de la verdad mejor entrenado. Quienquiera que seas, dondequiera que estés, la Llave de Oro de la armonía está en tu mano ahora mismo. La razón de esto, es que en la oración científica es Dios el que actúa y no tú, por lo que tus limitaciones y debilidades particulares no tienen nada que ver en esto. Tú eres sólo un canal por el cual actúa la acción divina, y lo que debes de hacer para recibir los beneficios de este tratamiento es hacerte a un lado. Los principiantes obtienen, frecuentemente, buenos resultados a las primeras pruebas, pues todo lo que es absolutamente esencial, es tener una mente receptiva y una gran fe para realizar el experimento. Además, puedes o no tener un punto de vista religioso.

Por lo que toca al método de obrar, como cualquier cosa fundamental, se debe de hacer de manera sencilla. Debes de hacer lo siguiente: Olvídate de los problemas y piensa en Dios. Esta es la regla completa, y si sólo haces esto, el problema desaparecerá, sin importar su tamaño o dimensión. Puede ser de salud, de dinero, de leyes, una pelea, una casa en juego o cualquier cosa, pero sea lo que sea, deja de pensar en ello y empieza a pensar en Dios, eso es todo.

¿Habrá algo más fácil que eso? Dios mismo no podría hacerlo más fácil y, sin embargo, nunca falla cuando se hace adecuadamente.

No te formes una imagen específica de Dios, pues es imposible. Actúa repitiendo todo lo que sepas de Dios: "Dios es sabiduría, verdad, inconcebible amor. Dios está en todas partes, tiene infinito poder, todo lo sabe, etc.". No tiene importancia entender bien estas cosas, sólo repítelas sin parar. Lo único que debes de hacer, es dejar de pensar en la dificultad. La regla es pensar en Dios, y si piensas en tu problema, quiere decir que no estás pensando en Dios.

Ver con insensatez los asuntos, con sospechas para darnos cuenta de cómo van las cosas es muy malo, pues equivale a pensar en el problema, y sólo debemos de pensar en Dios. Tu meta es sacar de tu mente, por lo menos unos instantes, el problema y pensar exclusivamente en Dios. Esto es lo especial.

Si puedes quedar absorto en esta consideración del mundo espiritual, de manera que en verdad no recuerdes por unos momentos todo lo concerniente al problema que te llevó a orar, y estás seguro y libre de él, has llevado a cabo tu demostración.

Si quieres usar la Llave de Oro para otra persona en problemas, piensa: "Voy a aplicar a José o María la Llave de Oro o a ese peligro que amenaza", después, saca de tu mente el pensamiento de José o María o al peligro y piensa en Dios.

Si haces esto sobre una persona, no afectará tu conducta de ninguna forma, excepto que impidas que te dañe o moleste, y con esto, harás un bien.

De allí en adelante, serás una persona mejor, más iluminada y espiritual, y sólo porque has aplicado la Llave de Oro. Un problema legal pendiente, o cualquier otra dificultad, seguramente desaparecerán sin mayor contratiempo, impartiéndose la justicia entre los implicados.

Si logras hacerlo con prontitud, repite la operación en intervalos varias veces al día. Pero asegúrate —cada vez que lo hagas— de retirar el pensamiento del problema hasta que lo intentes de nuevo. Esto es muy importante.

Comentamos que la Llave de Oro es muy fácil, y así lo es. No obstante, no siempre es fácil aplicarla. Si te encuentras muy asustado o preocupado, te costará más trabajo sacar de tu mente el pensamiento, pero si repites constantemente alguna experiencia de verdad absoluta que consideres importante, como por ejemplo "sólo existe el poder de Dios", o "yo soy un hijo de Dios penetrado y envuelto en la Paz Perfecta de Dios", o "Dios es Amor", o "Dios me guía y está conmigo", pronto te empezarás a dar cuenta de que El empieza a actuar y de que tu mente se aclara. No luches con violencia, sino con quietud e insistencia. Siempre que estés divagando tu atención, dirígela de nuevo a Dios.

No intentes delinear o adelantar la solución del problema, pues sólo retardaría la demostración. Olvídate de los medios y del resultado final y déjalos en manos de Dios. Lo que deseas es liberarte del problema, eso es todo. Haz tu parte, que Dios no fallará en lo que le corresponde.

"Todo aquel que invoque el nombre del Señor será salvo".

ADVERTENCIA

Para solucionar cualquier problema o dificultad, muchas personas han utilizado la Llave de Oro que anteriormente presentamos. Esta, desempeña un servicio de utilidad. Me alegra mucho el poder cooperar de esta forma al noble y valioso ministerio de Unidad, en el cual creo sinceramente.

Sea la Llave de Oro el medio para abrir la puerta de la salud, de la libertad y del conocimiento de Dios.

EMMET FOX.

TÍTULOS DE ESTA COLECCIÓN

Ángeles. *Antología*

Cuarzos y otras piedras curativas. *May Ana*

El secreto de la felicidad, el éxito y la abundancia. *Garibay*

Guía metafísica para ser feliz. *Antología*

Los chakras. *Antología*

Metafísica meditaciones de luz. *Grupo Nueva Era*

Metafísica para la vida diaria. *Antología*

Palabras santas, bendiciones, decretos
y plegarias. *Antología*

¿Qué es el karma? *Antología*

¿Qué es metafísica? *Antología*

Reencarnación. *Antología*

Impreso en los talleres de
Offset Libra
Francisco I. Madero No 31
Col. Iztacalco C.P. 08650
Tel. 590-8269
México D.F.